U0918085

一心一意来奉茶

程 然 著

四川人民出版社

readers-club

北京读书人文化艺术有限公司

www.readers.com.cn

出　品

目　录

再版序言　/ 1
自　序　/ 4

第一辑
白泥赤印走风尘 / 001

马连道与龙井山 / 002
太阳和冰泡出的茶 / 007
兰花观音 / 014
人闲桂花落 / 018
白泥赤印走风尘 / 020
什刹海的下午茶 / 024
“鲁智深”端上来金莲花 / 028
冷眼坐茶社 / 035
一心一意来奉茶 / 040
庐山云雾茶，味浓性泼辣 / 043
蒙顶山上的甘露 / 055
事关普洱 / 061
功夫泡与大碗茶 / 066
解毒的茶和断肠的草 / 071

第二辑

一个人的思念 / 077

父亲的茶 / 078

信阳的茶与事 / 091

生死场里开石花 / 097

喀什噶尔的红茶 / 105

一个人的思念 / 113

沉茶的疼痛 / 119

蜂蜜柚子茶 / 123

迟到的玉蝴蝶 / 127

薰衣草的祝祷 / 138

版纳・茶山・慈母心 / 142

第三辑

琴瑟琵琶，妙指而发 / 151

兰贵人和竹叶青 / 152

小满来把盏 / 158

行至水穷处 / 163

公道杯，平人心 / 170

送你三杯小苦丁 / 176

温润泡物语 / 185

邀月光入茶 / 192

吃茶，珍重，歇 / 197

万籁俱寂，茶声鼎沸 / 204

新茗似冰心 / 210

琴瑟琵琶，妙指而发 / 216

沉默喝茶 / 223

黄叶村问茶 / 230

老和尚的茶与禅 / 238

庖丁的茶经 / 246

后　记 / 255

再版序言

喝茶进入第十二个年头，忽一日，我放下了茶。

老友问我，何时茶聚？我说，碰头可以，不过现阶段不喝茶了。她还以为我有什么新动向，我言之，看看习惯了的爱好，能不能舍。

《一心一意来奉茶》是2006年写的书，积攒的，也是学习喝茶六年来的经验。所思所想，都有着那个时期的烙印。

反过头来看，其间有初识茶事的欣喜，有得遇知音的珍惜，有借茶写人的感喟，也有以茶做镜的禅思。茶于我，是晚逢的知己，是可以静心、冥想、感怀和思考的借力。

一盏茶里看大千。

这十二年里，我由懵懂喝茶，到寻访茶山；由复活的叶片，到如临亲切的山水；由乱花渐迷游人眼的无法抉择，到慢慢了解自己的心仪之茶……似乎又得到许多启发。那些心得，我也一一记下，收录在另一本习茶随笔《空山煮茶记》中。

我躬耕其间，也忘返其间。

茶给予了我太多。

我也越来越像一个茶癖。一天之中，若有闲，竟也要喝上三四道茶。

这让我略微有些不安。

知幻即离。佛经上这么提醒着我。

茶是舟楫，并非彼岸。我能放下对舟楫的迷恋，重新审视彼岸么？

我想做一做这样的尝试。

爱茶的人戒茶，有所执的事情搁下来，要挑战的，是依赖，是对标月指[①]的摒弃。这里面，要厘清的，不是说茶有什么问题，而是要时刻清明自己的心，勿有偏执。

也还好。没有想象的那么难。

看人铺展茶席，一杯杯鲜亮醇厚的茶汤斟满，心中赞赏，却不为所动。

不敢说自己收放自如，但起码看自己的第三只眼睛还在兢兢业业地工作。为此，我感到一点点安慰。

茶，喝的是心猿意马的收敛，喝的是端肃恭敬，喝的是通透明澈，如

---

① 标月指：佛教修行的一种譬喻。以手指月，为的是让人看到月光的皎洁，而不应误以为指月的手指是需要关注的对象。手是借力，而非目标。这里，月亮比喻佛法真理，手比喻途径和方法。我们要践行和关心的是真理，而不要在方法上纠缠不休。就好比渡船到彼岸，到了彼岸以后，就不必负船而行，船只是工具，不能妄执不放。

果能无茶而茶，一杯白水，也喝出了茶意，那是高境。

我期待着那一天的到来。

而《一心一意来奉茶》，是阶段，是爬坡路上的记录。愿它陪伴正在行进的人们，解乏解渴解烦忧！

2012年3月16日

自 序

我学习喝茶的时间不长。

到现在也就刚刚六个年头。刚刚六年，就敢斗胆写茶，在那些与茶早已水乳交融的老茶人面前，这的确是一件令人汗颜的事情。但之所以自己还是记录下了这习茶品茶的点点滴滴，全因为虽为后来者，却与这茶相见恨晚，一见倾心。

吾生也晚，识得佳茗也迟，但却不能不为茶的深味发声赞叹。

其实很小的时候，我就喝过茶。那是拣父亲的茶根——毛峰，或者茉莉花茶，父亲一泡就是一大缸子。每次放学回来，但凡看见桌子上放着晾好的茶，我就毫不含糊地悉数灌下。在父亲懊恼地对我吹胡子瞪眼的时候，我淘气地笑。

父亲没喝过什么名贵的茶，但他最朴素的茶水，是我最踏实的依赖。那茶，因含藏着浓浓的恩与情，令我在整个少年时代得以在父亲母爱里恣意娇憨地成长。

后来，我有幸认识了中国佛学院的老和尚白光法师。在他那里，我第一次喝到了太平猴魁和黄山毛峰。碧绿舒展的叶子，在水波里荡漾游曳，安顿了我在寻访路上的劳累和困乏。

茶竟然是这样地好喝啊。

我感叹着，却也忽略着。仿佛爱热闹，看稀奇的小孩在路上惊鸿一瞥，对茶留了个好感，但却因为那时耀眼缭乱的风景太多，以至于心不在焉而悄悄错过。

之后的岁月，是年轻时候最为应接不暇的阶段。毕业之后找工作，找房子，找机会，找安身立命之所。仿佛人生里最有干劲的十年青春，我们是那丢了一切、需要找寻一切的无产者。

还记得为了能留在北京工作，我曾三个月内去二十多家单位面试，把简历当做待价而沽的标签贴在脑门上，到处吆喝，不遗余力。终于留下来了，尽管专业不对口，但也非常感恩。工资低，就一口气兼了三份职。白天给单位干，晚上租了通宵的机房给电视台干。三张椅子就可以拼成我的床。路上每一个流动车上的煎饼果子，都能成为我的一日三餐。那时候，北京的西三环、北三环上的所有公交车线路，我都熟稔于心，有时不搭车，就蹬自行车来回，大风的天气，逆风而行，最长的时间需要蹬三个小时。如果渴了，路边任何一瓶彩色的面目不清的饮料就是我的给养。

这样的生活，持续了将近六年。

这六年的时间，我没有集体宿舍可投奔，没有周末可欢度，爱情伸手摸不见，理想遥远不可想，我全部的精神都用来接招生活。所以，休闲的茶，安适的茶，载道宣义的茶，对疲于奔命的我来说，就是奢谈。

直到有一天，我平生第一次喝到功夫茶，我后知后觉地感受到了这仪式的美，这手法传递出的尊重，及至入口，更是惊艳到哑口无言。

那茶恍若含着冰雪，清冽到让人周身为之一凛；而那香，又如山谷里的芝兰，袅袅婷婷，逶迤而来。这样的茶，让我这个痴人呆子，从懵懂中醒转，认定它是需要我们放下手边所有的杂事，不再聒噪，不再寒暄，屏息静气，心无旁骛，方能对得住它的美好。

茶，在我的生命里曾留下过亲切的印记，但它没能被重视，偶起波澜，也重归沉寂。结果在我跋涉到了最劳累的时候，它慷慨地再次出现，令我深深动容：原来，你一直在这里啊。

由此，真正品茶的人生才粉墨登场。那些曾经的盲点，如今因了一束追光，成就了台上的独角戏。独角戏里唱腔忽而苍凉，忽而婉转，让我这个观者不由地跟着颔首，跟着落泪，跟着觉悟。也由此，成就了这些文字。

这些文字，或是因为茶香味苦，成了生命里的珍藏，即便风满面，鬓如霜，也不掩一路风尘里的白泥、赤印和芬芳；或是因为这茶界，看到了亲眷苍生界，为那辗转的心肠，深埋的情愫，如画卷铺展的集体表演，而记录下来一个人的思念；或是因为这好茶美味，与禅意佛法各占山头，一旗一枪，一法一相，来往得热闹，仿佛那琴瑟琵琶，嘈嘈切切，有拈花的妙指隔岸弹奏。

三段式，多棱镜，万花筒，捧出的是一颗心。

这颗心，是尚在途中的我，对茶满满的感谢。

第一辑

白泥赤印走风尘

马连道与龙井山

茶味含着天地精华，这一方水土都被那叶片包容吸附。
若要寻回曾经的风景故旧，茶，是最好的引子……

北京市的南城有个地方叫做马连道，长长的一条街上，满是来自全国各地的茶商。其实，马连道最早写作“马莲道”。这里距离金中都的遗址不远。早在金代，它是繁华所在。其名由来，是因为此地曾经生长着繁茂的马莲，也就是马兰花。后宣武区政府（已合并至西城区）在建设茶叶一条街时，改名为今天的“马连道”。

我曾经穿越了大半个城，慕名来马连道访茶。

茶铺不比咖啡馆，总是冷清有余。常有南腔店主扑近身前，问说您平时喝什么茶？茶具看看吗，可以便宜的……招揽声此起彼伏，渴慕的眼神巴巴地望过来，让人实在是无所适从。

最开始去马连道，总是不忍拂人殷勤之意，便答话，便喝他们端上来的茶，最后也总要称个散碎斤两，看到自己给枯坐一天的店员们带来些微不足道的收入，也就欢喜安心地离去。

因自己在这种生意场中比较迂，很少讨价还价，更不懂揣测卖家用心，所以买回来的茶，也常常有赝品。龙井便是其一，叫价昂贵，而口味繁杂。

当然也有好的，如冻顶乌龙。一家专卖台湾茶的小店，那个打理店面的小姑娘，招呼你来喝茶的时候，清清淡淡地，你的来去都不会影响她泡茶的那份恬然心境。我路过那家茶铺时，她正在给自己泡茶。无论有没有人买，下午茶自己是不耽误的。

我喜欢她的这份自然，所以，愿意在她的店里久坐。她也给人推荐，但并不打扰你品味和琢磨的心思。在她那里，我渐渐学会怎么看茶的色，闻茶的味，品茶的质。她细细心心地演练，我静静地聆听。有时候，没有碰到自己非常称心的茶，刚有些踌躇的时候，她就马上说，下次再来看看吧，今天不一定要买啊。仿佛心里抱歉的是她，而不是我。

因为她的这份心，我从她那里称得的茶都是大家赞叹的好茶。一个不奔着利益目的去的茶人，她带给你的茶味也隽永，经得起再三品味。

于是，再去，便成了女孩的熟客。而那些依然热情的茶商，即便向我招着手，我也只是笑着远去。

去杭州出差，终日在车水马龙的城市中经过，那西湖边上的自助茶宴，那琳琅店里的精装龙井，都让我望而却步。我不是热闹的茶客，总觉得车马喧嚣对饮茶是一种轻视。在我的心目中，茶，是需要安静品尝的。一个人最好，省却许多打扰，把心思全部收拢在茶的沸腾声中，眼神汇集在袅袅的水雾里，浓淡滋味如冷暖滋味，独自体会。这样的晴日小坐，或雨后独酌，是我向往的。如果有朋友一起喝茶，也好。希望能是投契的

这样的晴日小坐，或雨后独酌，是我向往的。如果有朋友一起喝茶，也好。希望能是投契的人，无语也可会意，有话更会投机。

人，无语也可会意，有话更会投机。良友共坐，是可以增益身心修养的。

在茶和酒中，茶如同隐士，大声喧哗是违背茶的清俭品质的；酒却是侠客，可以宾朋满座，觥筹来往。自从受了五戒后，我再不饮酒。那么，安静喝茶，成了平日功课。

杭州的朋友知我爱茶，问我是否要探访龙井山的茶农？唔，正是求之不得。于是，便跟了他去。

夜色渐渐浓了。龙井山在我的眼中如黛，看不真切。

而那时正值秋天，杭州秋夜的寒冷不亚于北方。在瑟缩中，我们来到山脚下的一户人家。沿街的房门虚掩着，一位四十岁左右的妇人，正在灯下缝包裹。

朋友是茶农的熟客，他让妇人捧出最好的龙井茶叶，泡了三杯，有清明前采摘的，也有明后茶。那茶叶都是放在布袋里，外面用石灰掩住，据说这样保存，茶味才不会流失。三杯茶细细品来，都好。以我的粗浅舌根来评，分不出什么好坏，唯有明前的，更显芬芳些。再喝一道，更加地不能分辨。见我在那个杯子前愣怔，种茶的妇人忐忑问我：好勿拉？半晌我才感慨道：原来龙井的味道并不似炒面啊！大家都笑。

在都市里的茶城，或者百货商店里的茶铺，茶味经颠簸，经转手，经物价哄抬，已然失去了山中清香。我在龙井山，亲手从茶农的布袋里购得了味醇、价廉的好茶，心中满溢着欢喜。我恭恭敬敬地索要了茶农的地址，准备以后直接从他们手里邮购。妇人自豪地说，每年邮购的人都很多呢。她把缝了一半的那个包裹给我看，是寄往内蒙古的。妇人对我说，这包裹是给一位早年在江南定居的老将军寄的，已经寄了十几年了。老人年迈时落叶归根，可回到家乡后却又难忘江南茶香，于是年年都要茶农寄去龙井，以慰相思。

嗯。是了。茶味含着天地精华，这一方水土都被那叶片包容吸附。若要寻回曾经的风景故旧，茶，是最好的引子……

而于我，从茶城到茶山，寻访开始变得深入。马连道甚好，因为我曾遭遇平实自在的茶心；龙井山，也甚好，因为我看到了憨厚爽朗的农妇，她们捧出的是最原汁原味、不经辗转的茶香。

太阳和冰泡出的茶

那香味，仿佛暗室里亮起的烛光，不耀眼，但却足以划破幽冥；也像薛宝钗冷香丸的意象：冷艳，幽香，有距离。

第一次喝到武夷岩茶，是一个误会。

舅爷送来的茶包上贴着的标签是铁观音，打开后却有暗香。那种香味和铁观音的清冽之香有很大不同，似乎是酽醇之气，幽幽传来。放到手中，茶色也不一样，铁观音总是幽蓝碧绿，而这个茶却是红色的，仿佛红壤的炽烈，岩石的深邃。茶叶细长而枯槁，让人不由地要联想起国画里仰天长啸的道长，瘦削、倨傲而又目光炯然。

泡上茶来，水中的香真的如同酿制出来的酒，不在表层，藏在暗里，不在舌尖，涌向两颊。那香味，仿佛暗室里亮起的烛光，不耀眼，但却足以划破幽冥；也像薛宝钗冷香丸的意象：冷艳，幽香，有距离。

如果用玻璃碗来盛放岩茶的茶汤，会看到红色的水波，那竟是一种朴素的红。没有普洱琥珀般的透亮，不似红茶松香般的讨喜，它只是那种裸露出来的岩石色彩，如挑山工淌汗的脸庞，也像纤夫晒红的脊背。

这样的茶色，让人更容易产生对土壤的亲近，对根的怀想。

嶙峋的貌，华贵的口感，质朴的色彩，竟然和平共处，形成了我所不十分了解的名字——武夷岩茶。

据说武夷岩茶还有一个名字，唤作“晚甘侯”。

唐朝的孙樵曾有信札《送茶与焦刑部书》，信中写道：“晚甘侯十五人，遣侍斋阁。此徒皆乘雷而摘，拜水而和。盖建阳丹山碧水之乡，月涧云龛之品，慎勿贱用之！”

爱茶的孙樵，将出产在“建阳丹山碧水之乡”的茶，美称为“晚甘侯”。“晚甘”，回甘缓迟，却香味浓馥无穷。“侯”，更是拟人的尊称。这建阳指的就是武夷山。孙樵的文字让我们仿佛看到风雷之下，涧溪之间，悬崖峭壁，有茶树耸然。因为栽种奇险，得天独厚，采摘辛劳，孙樵叮嘱不要轻慢这茶，生怕所寄之人辜负雨露精华。

后来又有一个人爱上了这茶，专门为它写了传。他是清朝闽北人蒋蘅。他写了《晚甘侯传》，书中对岩茶的美誉称叹，堪比周敦颐的《爱莲者说》。

他写道：“晚甘侯，甘氏如荠，字森伯，闽之建溪人也。”“甘氏聚族其间，率皆茹露饮泉，倚岩据壁，独得山水灵异，气性森严，芳洁迥出尘表……大约森伯之为人，见若面目严冷，实则和而且正；始若苦口难茹，久则淡而弥旨，君子人也。”

这些文字不仅沿用了唐朝孙樵对武夷岩茶的美称——晚甘侯，也赠与晚甘侯姓名表字。姓甘，名如荠，字森伯。这茶在蒋蘅笔下，就好像一个有名有姓的人。

《诗经·邶风》里有言：谁谓荼苦，其甘如荠。荼，是茶早先的写法和名称。苦茶香甜，犹如荠菜。晚甘侯武夷岩茶，因为回甘晚，有苦尽甘来之妙味，所以名姓，都与《诗经》里的赞颂相映衬。森伯，亦是茶的别称，因为苦口婆心，人送茶别名“森伯”。这森伯面目严冷，心地慈悲，初入口，苦味难以含咽，日久却得到甘甜受用无尽无穷。蒋蘅叹道：这不就是君子品行吗？

蒋蘅和周敦颐一样，借物咏怀，借言立志，而被他们选择的茶，或莲花，都蕴涵了纯正高洁的品性，令人解颐生津。

但武夷岩茶不仅仅叫做晚甘侯，如果去茶店，人们会被武夷岩茶更多的别名搞糊涂。店家一定会问你，你要买的是哪一种武夷岩茶？是大红袍，还是白鸡冠？是肉桂，还是素心兰？

这里面其实还真的有些说道。

武夷山的茶叶，一般分为岩茶和洲茶两种。在山者为岩，被奉为上品；在麓者为洲，次之。品名多达数百种，《崇安县新志》里曾分类说：“不外时、地、形、色、气、味六种。如先春、雨前，乃以时名；半天天、不见天，乃以地名；粟粒、柳条，乃以形名；白鸡冠、大红袍，乃以色名；白瑞香、素心兰，乃以气名；肉桂、木瓜，乃以味名。”

在这些名称品种繁多的岩茶里，最出名的应该算是大红袍了。

大红袍由一个跟佛教有关的传说而得名。说的是一个书生要赶考，却病倒在路上，巧遇寺庙里的老和尚搭救，用茶汤治好了暴病。书生后来

一个好的典故，可以成就一片好的茶叶
漂洋过海，遇到知己。

考中了状元，专门回来答谢，老和尚却说，非我救你，是茶树救你。状元于是来到茶树前，恭恭敬敬地把自己的红袍搭在树身上，给茶树行礼。于是，茶树得名“大红袍”。

而有趣的是，最早这棵茶树，并不叫这个名字，也跟佛教没什么关系。它生长在一个道观前，被人叫过“洞宾茶”，“吕仙茶”。但无论是哪个名字，这茶叶都叫不响。有人猜测说，可能是吕洞宾风流，江湖上口碑不佳，所以连累了这茶。于是，人们又附会出“大红袍”的典故，为的是清洁茶事，来使声名远扬。

其实，叫什么名字并不重要，人们品的是茶味，但味以名显，名字如果传达出了人心里面的善、正直、傲骨、清明、节俭和其他美德，那么，由人及茶，爱屋及乌。可见一个好的典故，可以成就一片好的茶叶漂洋过海，遇到知己。这是茶叶给予我们的警示。做得够不够好，行得够不够端，不仅要过自己良心这一关，还有无数双眼睛在悄悄地看。

而这个茶，除了最为流行的功夫泡以外，我还学到一个泡法。

那是黄安希女士在《乐饮四季茶》里面提到的，酷暑炎夏时分，用紫砂壶装好足量的武夷岩茶，同时煮好开水，洗茶完毕，再浇开水于壶中，水刚刚淹过茶即止。这时将准备好的冰块，悉数填入壶中，一直到塞满小壶，甚至要多出一块，顶着壶盖，然后就不用再管它了。把这一壶茶放到太阳下面，你只管看书，浇花，洒扫庭院，就在你专心他事良久以后，突然听得“啪”的一声——壶盖盖上了，冰经历了太阳的灼烤，已经全部融化。这一壶冷香的武夷岩茶，已经华美出世！

我醉心于茶书上的美意和指导，来年的炎热季节，一定会这样循法而行。

在此刻，我想着太阳和冰泡出来的岩茶，仿佛已经飞越了寒冷的冬天，直奔那份清凉和幽香而去。

兰花观音

我这么迂，只是为了不辜负。

兰花观音是我给她起的名字。她是茶，铁观音的一种，有淡淡的兰花香。

我在说起她的时候，怕饶舌跟着的前史与后缀太繁复，使她的美被这诉说打了折扣，便擅自取了这个名字予她。

而即便我与人费尽周折地说她，也觉得寂寞。

因为兰花观音不好寻访，错过就永远没有机会再相遇。而这世上多的是相似面孔，而独有的那一个，若没把握好时机，乱了分寸，再要寻觅，却常常不可得。

所以这命名倒也不必推广，她不是龙井，也非甘露，她只是知音相遇时的震动，只是满心欢喜时的微醺，只是可遇而不可求的刹那印心。

我第一次遇见兰花观音的时候，正在喝黄金桂。

在喝惯了台湾的高山茶、冻顶乌龙、梨山茶后，突然在一次寻访中喝到黄金桂。我瞬时被他的清香吸引，只觉得那茶中有足够的劲道、足够的芬芳，需要我打起十二分的精神来对待。

黄金桂亦是乌龙的一种，因其香气中隐约有桂花香而有此谓。

相对于栗子香抑或其他温吞味道的乌龙茶，黄金桂显得威风凛凛，他似乎在挑逗着我的好胜之心，让我望着对岸叫阵的强劲对手，爱恨交加。

若我委顿，必被其伤；若我慵懒，必致不堪。喝得久了，才知道黄金桂是铁观音里面力量最大的一个，绝不可空腹饮用，否则伤胃、茶醉会立竿见影。

然而兰花观音不同。我几乎就要与她错肩。

彼时我捧了太多的新茶，还有茶具。我不敢再在任何店家停留，怕自已失去选择和判断的清醒，在各色的茶铺前没了主张。

但朋友们却执意要坐下。他们说实在好喝。

我于是才坐下来，才有了谋面的这美妙一刻。

怎么说呢？

铁观音独有的那份清冽她具足，入口滑顺、熨帖入微她亦完备。而她自舌尖，自两颊，至咽喉，至心胸，滴滴留香，丝丝入扣，那兰草之美，竟萦绕不散，袅袅婷婷。她如此醒目，却又这样温和，能够解渴，却又独具深味。

她是怎么做的？怎么可以有这样好的口感和香味？

那个来自泉州的女孩子，像所有的闽南美人一样，澹然而又神秘地笑。她们家就是茶农，这兰花观音正是出自她父亲精心的栽培和制作。她无法解释，只是说，即便是同一块地，同一棵茶树，仅仅因为天上的云不同，雨不同，出来的茶都有优劣之分；而同样的好茶，同一位茶农制作，仅仅手法的轻重、炒茶杀青的时间前后，甚至劳作时的温度、劳作者的心情，都会直接影响她的呈现。

我们几个人都买了许多。

她自舌尖，自两颊，至咽喉，至心胸，滴滴留香，丝丝入扣，那兰草之美，竟萦绕不散，袅袅婷婷。

第一次有了舍不得喝的感觉。

第一次有了曾经沧海的经历。

在以前，我不是也从来不喝茶的吗？在以前，我不是随便什么茶都能对付打发吗？在以前，我不也以为可高可低、万般茶味皆入口来吗？

我如此怜惜，如此珍重，来了好友，必要分上一小筒给他们，怕他们慢待，还要絮絮地叮嘱；而自己喝，一定要净手，一定要茶具清洁，一定要放下纷扰之心，甚至，有时候，还要焚香。喝茶喝到这样痴心肃然，这是鲁莽的我当初万万不能预料的。

而这茶若喝淡了，我也舍不得倒掉，用干净的纱布包好，放在米饭锅里，待到米饭蒸熟，那锅子开启，浓郁米香掺杂着一丝兰花的余味便扑鼻而来。

我这么迂，只是为了不辜负。

终于有一天，兰花观音喝完了。我心惶惶地坐了车，穿越大半个城，去找她。

然而，我们再去泡，那味道已经不在了。有些仿佛，但终究不是。我还是欢喜地买了，道了谢，但心里却隐隐地有一些憾意。

嗯。这就是了。她如此静美，却也只能在那偶遇中绽放。如果朋友不逗留，我是注定不会知道她了。而这秋天一过，另一个流年来临，若在那舟下的印记中想寻得湍流里的干将莫邪，又怎么可得？

人闲桂花落

从来没想到会喜欢桂花。她的味道总让我觉得馥郁不安。

在金萱里面，差一点的茶叶都用桂花、奶味和人参来熏制。

刚喝乌龙的时候，茶农都不把最好的推荐给我。说好茶很淡，喝惯饮料咖啡的人初喝茶，喝点熏制的可以过渡。

第一次闻到的就是桂花金萱，非常香，遮盖了茶的本味。当时就PASS了。即便口感需要培养，我也不愿从这么浓艳的开始。

乌龙茶喝久了，舌尖变得灵敏，能分辨出黄金桂和兰草的味道。

也曾经问过闽南人，是在茶树旁边种桂花或者兰花吗？却不是。仅仅云雨灌溉，就能酝酿佳茗。

直到一天，和一个陌生人谈事情。他吃咖喱饭，我喝茶。

那家泰国餐厅里，唯有桂花最平凡。其他的怪名字让我只有苦笑的份儿。

茶端上来，竟不张扬。细碎的花瓣让人怜惜，而那香气阵阵悄悄，若隐若现。

细碎的花瓣让人怜惜，而那香气阵阵悄悄，若隐若现。

已经忘了那家伙说了些什么，只记得回来的路上，余香满口。

呀，我真是的。

不愿意尝试，不去用心，哪怕停留一下，耐心一点，就会和很好的事物遭遇。却因为绝尘而去、从不四顾的性格，与桂花茶险些失之交臂。

突然也就痴想起来，是不是也错过了这样的人呢？

呵呵，该打。

白泥赤印走风尘[①]

这一年来，似乎都在行路。

中原走遍之后，开始在边疆跋涉。旅途里没有同道的人，也甚少有独处的时间。我们或是倦眠在盘山的路上，或是渴睡在颠簸的车里。

这是工作。六根都得打起精神，与纷至沓来的外缘迎来送往。

他们吃肉，喝酒，戴面具，互相试探。

走得久了，我只是觉得劳乏。腿含铅，口舌生烟，耳目沉浊，心窍如塞黄尘。

而饮料轻佻不解渴，白水寡淡不清冽，酒炙热且无济于心神安宁，若无茶，恐怕劳乏无可疗理。

我随身带了茶叶，分了两种，乌龙和绿茶，乌龙多选兰花观音，绿茶常带青山绿水。它们分别被装在半两大的茶桶里。在旅居的任何地方，只

① 白泥赤印走风尘，出自刘禹锡的茶诗。白泥，是指用以糊住封口的涂料；赤印，是盖在贡茶封包上的红印。原句意为贡茶行千里路。此处借用。

能够陪伴你的，却只有这清静不扰人的茶，它是端肃的良伴，是灿然微笑的法侣，是去处尽可安居的菩提念珠。

要有水，我就悄悄地泡茶。看那茶叶在开水里翻滚、浸润，慢慢地喝一小口，身与心在瞬时便能得到极大的抚慰。

茶的味道，有如一个人放浪红尘，却始终知道内心深处，有一个喜爱，抑或一个珍藏。说分享太奢侈，真情感不敢为外人道。

在推杯换盏的宴坐里沏一杯清茶，那是最安静的一个提醒。你知道的那不为人知的美好，在喧闹中为你所独见。

茶能解渴，也能解毒。最早，神农鞭药，那能看见自己体内五脏六腑的青年，尝尽百草，看草药在肺腑间运任，而几次误食毒草，能够死里逃生，皆因嚼食茶叶而解。

行路的人，每换水土，天象地气，应接不暇。往往神有焦虑，体有郁积，身心不能通畅。若带铁罗汉茶，滋润焦渴，排毒解乏，最是贴心良药。

设若在路上，没有茶，茶心因浸染俗尘、久被侵扰而波澜起伏。心不平，则易生出疾病，忘失掉对觉照的保任，那时，走风尘的行者终不免风尘扑面。

私下以为，绿茶里，对行者最有裨益的当推青山绿水。

青山绿水，产于蜀中，各地亦多有移植。它在绿茶里属于观赏茶，冲泡开来，芽片嫩绿，色泽清亮，只一看，便仿佛有清风过耳。唯独味酸苦。初入口时，淡淡的酸苦，良久更苦，等待回甘而不可得。因了这个缘故，商家往往拿它来做养眼的招牌，任其美赏心悦目，却不见容于品茶人的味蕾间。但实际上，它的苦口却真有一番婆心：它能和最辣的海椒打擂台，可替代所有下火清热的药片，有如咬在肿痛牙龈上的一根黄连；也好似吸附过多油腻的一片海绵，它中和掉上焦火，为过于紧张的执著松绑。

它只是味苦，却有这许多的益处。

味蕾之刁钻，最显人类之趋乐避苦。殊不知因为这挑拣，耽误了我们和真正好茶的一生一会。那舌根最是个骗子，哄着我们分别粗茶和珍馐，但凡能放下，美味苦味便皆成甘露。最好的品尝因是开展，治疗因是得力，而路上行色匆匆的人，也才不至于被流光美景所障目。有茶一杯，目尽繁华而神清气爽，所谓百花丛里过，片叶不沾身是也！

在路上奔忙，总是劳累而孤独的。即便聚众，但可与相契的，四顾之下，竟也没有。而觥筹来往下，假意言欢，也只是这碌碌人生里的过眼云烟，能够陪伴你的，却只有这清静不扰人的茶，它是端肃的良伴，是灿然微笑的法侣，是去处尽可安居的菩提念珠。

什刹海的下午茶

今天去北海放生了。20元钱就能买到5斤泥鳅，总有几百条吧。回向给最近生病的人。

我因着戒律的规范，因着慈悲的教导，平日里所取的食物，不吃活物。

不见杀，不闻杀，杀时不在场，不为你而杀，这是我要守的第一条戒。

这个戒律的确给我，给我身边非常希望我吃活物的亲友带来很多不便，如同喧闹的场合，因为不饮酒，而使人不快。我不能舍戒而随顺他们，这是我的局限，但也是我的真实状况。因为我不具备更高的德行，所以不可以妄谈酒肉穿肠过，打口头禅。为了让别人不要因为我的守戒产生不快和烦恼，我只有减少与他们不必要的会面，这样或许能令双方都好受一些。

我知道，我没能圆融地处理好与食荤人群的相处，是我的修为太浅薄。

其实，守戒是个人的操行，不去宣扬，不与人辩论，不引人诽谤，但也不该被别人勉强破戒。互相尊重，就是最好的态度。

当然，如若有人因为我的坚守产生了好奇，愿意了解放生的道理，那么，示范戒行就有了旁的意义。之所以说是旁的意义，因为意义已经在自己的行动里，令个人受益匪浅。

若想获得不忧不惧的生活，首先要从戒杀惜生开始做起。

这是题外话，但却是实实在在的感触。

从园子里出来后，看见什刹海的荷花市场正红火。路上有很多伊朗人，大热的天还包着头。这是前海。竟然在两三个月间，矗立出这么多的咖啡馆、酒吧和露天茶舍。

八月末的荷花已经开败了，余下饱满如伞盖的叶和莲蓬，依然绿意袭人。

我独自来到前海北沿的尽头找了临湖的地方坐，点了一壶金银花茶。

记得在童年，四川南坝的人们在一楼的空地上种这个金银花，状似喇叭，金黄色的、银白色的，开在绿莹莹的藤蔓间，星星点点，煞是好看。一阵清风拂来，偶尔会有花朵落下，在你的衣角边、裙袂下留下芬芳。金银花的藤架下，有追逐打闹的小孩，也有端着饭碗吃饭的叔叔阿姨。下雨的时候，我曾蹲在那花的下面，痴看着蚂蚁搬家，蚯蚓钻洞。

那时，是不知道这个花也可以入茶的。

玻璃壶里的花枝上下翻飞着，最后如同银针，根根竖立。茶汤变成淡淡的黄色，喝起来微苦，据说可以清凉下火。

这是下午时分，有倾盆雨将来前的黄昏。微风吹皱了烟波，蜻蜓在阑干间停落，我心中满是喜乐，坐在一池莲蓬旁神游千里。

有时候想想，北京人也可怜，京杭大运河上船来船往、河河相连、湖湖相通的景象早成了民国文人笔下的记忆。城中无江毗邻，无海远望，对于守望着山河长大的人来说，真的有点旱龙无归的感觉。

幸好还有什刹海。这一小片水泊，成了北京城里的大理丽江，成了打车只需要15元就能抵达的朝酒晚舞。最早发现这里好，是因为有宋庆龄故居、恭王府、广化寺和孔乙己酒馆。那个时候，什刹海还没有一间酒吧和茶馆，来往的都是市井百姓。

后来，有了一些艺术青年驻扎后海，皮皮的玻璃器皿，东子的陶瓷，杜度在烟袋斜街开的印度饰品店，还有越南菜馆庆云楼，都是每次我去流连时的必访之处。冬天，在西海，还有母校六个师弟合股开的电影吧，《动什么不能动感情》里美男作家的场景地，那里燃起温暖的灯炉……每一个地方都因为独特，彰显个性魅力，而让人驻足。

但仅仅过了一年，很多熟悉的店面都关张了，更多新脸孔雨后春笋般地冒出来。渐渐地，我叫不出那些林林总总的名字，辨不清那些花红柳绿的面容。更让我忐忑的是，怕不着调的设计令观者的审美需求落空，又怕商人的势利败坏文人的情怀，只好不来了。

而这一日，我无事，在闲坐喝茶之前，背了10斤重的鱼和泥鳅，仅仅就是那么一松手，北海里就又有很多生灵快活地游弋了。所以，此刻的坐拥湖光，欢喜地品茶微觞，不计较地安度，便成了最闲适的美事。

“鲁智深”端上来金莲花

“鲁智深”，是我悄悄给净心莲素餐馆的大和尚起的绰号。

心下没有一丝不敬。只是觉得这个和尚着实有趣，主业并非念经，却是做饭。加上和尚浓眉大眼，身形魁梧，像极了鲁智深。

净心莲在北京很出名。它是以纯素的面貌，出现在京城饮食界的。最早听说它，是文联的朋友知会，他知道我学佛，特意告诉我在文联的院子里开了一家素斋餐馆。寻访了去，竟然深藏在高大建筑的最拐角。如果不留心，很容易站在门口还要东张西望。

一进门，就被净心莲里清雅大气的装饰风格所吸引。自云端至雪泥，通天彻地地悬垂着帐幔，用餐的

原本干瘪的、枯萎的、如同夹在书页里的标本的花，浸泡后活转过来，竟然在那水面上绽开睡莲模样。

角落里供奉斑驳古旧的彩塑佛像，一束追光落下，菩萨的面容泛起些微光晕。每张桌子上都有花，有的是大写意，高大的玻璃瓶中，白色的马蹄莲恣扬曼妙；有的却含羞带娇，从从簇簇，星星点点，只为和那泼墨般的写意遥相呼应。

这样的环境，坐下来，就情不自禁地要安静下来了。

然后就有服务生拿来了菜单。从最早古朴的单张菜单到而今美轮美奂的点菜书，大和尚的唯美和细腻都令我们惊叹。菜名也是和尚起的，每一个都别具一格，深契佛理。

那时候的净心莲，每一道菜都是师父亲手做的，很好吃，很养眼，美食美器，让人流连。师父也没有什么雇来的伙计，参差不齐的服务生，一多半是台湾来的留学生，因为在北京念书，亲佛，又和师父认识，就常来帮忙，是为义工。

我很惊讶这位“鲁智深”师父的手艺，忍不住八卦地去问。师父笑笑说所有的菜都是他妈妈发明的，他只是照葫芦画瓢。

我没有和师父真正坐下来聊过天，但他总是亲切、好脾气的模样。每次去，他总能把我认出来，以致后来的服务生换了好几拨，我去了仍然能打折。净心莲并没有什么打折卡，却因为我是忠实的拥趸，而成为嘉宾。偶尔路过文联，有时候会碰见师父过马路，风把他的僧袍吹起来，大袖飘飘，神情深邃，很有些鲁智深的意思。当然，这位“鲁智深”不拿禅杖，他掌勺。

我就是在这里第一次喝到了金莲花。

泡在玻璃壶里的金莲花，座托下是蜡烛，小火温着，那茶水荡漾着晶亮的黄色。

我们每个人都有一个小玻璃杯，里面也盛放着一朵金莲花。

原本干瘪的、枯萎的、如同夹在书页里的标本的花，浸泡后活转过来，竟然在那水面上绽开睡莲模样。我痴望着这茶，哑了半晌，才端起杯子来喝。味道很淡，初闻有香味，入口略苦，却很好喝。仿佛记起金莲花入药，是治咽炎的，那苦口良药莫非就是由这样摇曳生姿的花朵制成的?

“鲁智深”师父告诉我说，正是。净心莲里的金莲花全部来自五台山，最早的一家净心莲就是开在五台山的台怀镇。五台产金莲花，百姓们都拿它来冲水喝，因为可以清热、明目，所以在当地很受欢迎。

后来我专门查了金莲花的出处，才知道这花不仅盛放在五台，在河北、内蒙古的很多地区也都有生长。《本草纲目拾遗》中就曾记载：金莲花味苦，性寒。治口疮、喉痛、浮热牙宣……因此，除了可以当茶喝，它

还能制成中药来治病。因为广受喜爱，金莲花被称为“塞外龙井”，民间还有“宁品三朵花，不饮二两茶”的说法。而流传甚广的一副对联，来自乾隆和纪晓岚——塞外黄花恰似金钉钉地，京中白塔犹如银钻钻天。那黄花正是描述了木兰围场上的金莲花，浩瀚飘摇，令乾隆皇帝也动容。

我又羡慕这茶具。大和尚笑说，之所以要用这样的器具，是因为花美，唯有冰雪器具，方能衬托观赏。

不由感佩师父的用心和细心。

在净心莲，其实除了审美意趣上的超拔脱俗外，还有很多的细节让人回味：

音乐。师父选用了直指人心的佛乐梵唱，不同于庙宇殿堂里的唱赞，也并非那种配器上因循守旧的民乐，这些佛教方面的曲子大多来自网络传播，或如温暖海涛深情翻卷的人声，或如下山春风芳香暗送的竹笛，浅浅淡淡，迂回曲折，飘进耳界，飘向心田。那每一首曲子，都是经过了甄选，为来者播撒的海潮音声。

器具。净心莲因其价位，就决定了它并不是面向普罗大众的。来这里的人，未必都是佛子，但一定是消费得起、又追求一定文化内涵的人。我看到的宾客，多是白领、商人、艺术家和外宾。这样的消费者，可能在物质上的奔波已经暂且告一段落，而精神上的困顿却悬而未决。净心莲的出现，给终日在酒桌商场上打拼的人们一个回归的可能，锦衣玉食，在这里换作了菜根布衣，虽然素淡，却精致有加——这里的精致，是精致用心，而非钱财铺排。有特点的、有创意的器具，如玻璃，如木瓢，如石刻，如贝壳，如白色的瓷片上描一朵安静的莲花，点点滴滴，俯拾皆是，让每一次回眸都充满了惊喜。这些精妙的创意往往惊醒的是在奢华里麻木的灵魂，让风尘满面的游子突然恢复了对自然的审美，听见鸟叫，闻到花香。

服务的人。从最早的留学生义工到现在统一齐整的服务员，师父煞费苦心。我听说，师父因为去广西的县里定制餐具，偶遇到地方上的一个歌舞团倒闭，年轻的男女没有了去处，师父搜罗了这些人才，然后教他们念经茹素。能接受的人逐渐留了下来，成了净心莲的骨干。既然要推广素食，那么自身就要身体力行。所以，在这里，几乎看不到势利、缺少教养、靠素吃饭的那些劣习；语调柔适、目光慈悲、飘逸罗衫的服务生，让赏心悦目和潜移默化成为可能。

还有很多，都让我忍不住要夸赞。诸如店卡、洗手池边的话语、打包饭食的餐盒等，无一不是在传达护生、戒杀的理念。我看见来自大和尚的细节，不是雕琢，而是内心慈悲的自然流淌。他的创意不是苦思冥想而得，却是因为体恤众生无明奔劳而发端。

所谓心心相印，从万千细节开始。而因了爱美食美器来寻访到素食餐馆的都市人群，要是在这里发现了布衣之暖、菜根之香，最后能够对物质生活的无底洞有个警觉和止步，那么，这样的餐馆，也就有了商业之外的意义。

我没有问过师父开素食店的初衷，但却在这里感受到了金莲花的清香。这“鲁智深”端上来的金莲花，恍若张飞拿起了绣花针，又仿佛东坡大士怀抱了琵琶，虽因外表鲁莽、内心绵密产生了忍俊不禁的效果，但同时又不得不令人肃然起敬。

我后来开始留意器具，也是因为在净心莲的薰习。不同的茶，不同的菜，要有相衬的器皿，才能将美味更好地呈现出来。也仿佛醍醐般的真理，要讲究方式方法。万千途径，各为人爱，选对了，不掩金玉；选得不当，误认败絮。

捧场净心莲到了第三个年头后，我在店里见到了一位老者。说老者，其实有些不妥，是因为，她虽然上了些年纪，却很美，端庄优雅，从容闲适，让人一瞥之间，就会定睛。彼时，她正坐在佛像前，安静地喝水。长发垂至腰间，花白，却不染黑色，自信而柔顺，一身红色的改良旗袍，宽松、得体而惊艳。我猜想，她一定是“鲁智深”师父的妈妈了。一问，果然。

长叹：唯有这样的女子，才会有这么出奇的儿子，也才会有净心莲里不一般的金莲花茶啊。

冷眼坐茶社

爱上喝茶以后，像当年考到北京时候遍访名寺一样，我也发了个愿，一定要把北京的茶馆都寻访一遍。于是就听说了A轩。那是一处很有名的茶社，最早坐落在酒吧一条街的三里屯北街，做陶的朋友爱其出奇的器皿，告诉我，仅仅为了它的别致，也应该去寻访。在它那里，有你意想不到的茶和茶具。茶具有很多是自制的，有时候放茶点的盘子就是一片绿得可爱的叶子。听她说得动人，我开始向往。朋友最后补充了一句，就是太贵，不能常去。言语之中，颇有憾意。

一个多月过去，宇从南方拍戏回来，慷慨的他问一众女孩子们说，想去哪里消费？

大家都不怀好意地对视，最后我说：听说有个A

茶不过是一个饮品。真正懂得茶道的人，一定懂得待人之道。给饮品捎带上唬人的扮相，打着文化的旗号厚此薄彼，那么，茶的温厚，茶的公道，茶的俭朴，都被势利的心丢失殆尽。

轩……

从A轩路过，没以为它是茶馆，它区别于所有古色古香的北京茶社——幽深的木门，淡茶色的落地玻璃，紫纱做的幔帐通天彻地。

我们犹疑叩门，再三询问才确定了这里的确是那个大名鼎鼎的茶社。

茶社的设计很特别，窄窄的走廊隔窗而临街，头顶上面是个玻璃做的雨棚，叶子落在上面，一抬头就能感受秋天。店里也是长方形的格局，檀木的八仙桌，丝绸做的靠垫，还有一簇簇的白色百合，淡淡的香味透过古典的装饰飘扬过来，让人神思都有些恍惚。

“请你们坐这边，那边有客人，不要过去打扰他们！”

一个一身玄色绸衫的中年男子拦住了朋友的张望。

朋友有些忿忿：“我只是在挑个好的位置。”

中年男子面无表情地说：“没有更好的位置了，都已经预订了。现在你们要是想喝茶的话，只能在这边坐！”

大家都一愣。为店家冷冰冰的待客之道。

朋友不愿扫大家的兴致，勉强坐下。

茶单上来了，除了茶社里共有的几样看家茶以外，还有很多怪怪的茶名——玫瑰白玉，我点了这一样，一个一身白绸的女孩告诉我这是绿茶。大家都点了奇奇怪怪的茶，唯独我们那活宝朋友要了一客冰激凌。

茶叶上来了，每个人的茶具确实都不同。在一个圆锥形的玻璃器皿中，竹叶远比茶叶多，是喝还是看呢？朋友犹豫之中又忍不住发问，不出我们一干人所料，果然又遭到了女孩的白眼。

我的那杯茶上来的时候，大家禁不住爆笑。那哪里是一杯绿茶呀！那分明是一盆说不清内容的汤！不是夸张，茶具确实是一个硕大的盆，里面有很少的一些绿茶，然后就是梨皮，玫瑰花瓣儿，并且也有很多竹叶。几乎每个人的碗或盆里，都有这叶子。我看着这一盆汤，不知道从何下嘴——难道端起来做牛饮么？！旁边的朋友都在发笑。这时另一位女子走了过来，她面色微愠，问道：“怎么了？不好喝么？”

宇连忙摇头，调侃她说：“不，不，不，不错！”

一脸秋霜的女孩走来，把一个小罐放到我面前，并把一个树枝塞在我手里：“喏，可以加蜂蜜！”

我们抑制住自己的大惊小怪，尽量表现出安之若素。但喝了一口这乱七八糟的绿茶后，我的兴致彻底被败坏。

这时候，进来了几个老外。由于店家突然迸发的热情，我们的注意力立刻被吸引。店里所有的店员好像都在这一瞬间想起了自己的职责，得体、礼貌、微笑着。那样的礼遇，如果被我们碰到，估计我们也会体会到什么是“宾至如归”。笑容可掬的中年男人走到我们面前，收起了笑容，问我们是不是可以换个地方？

“可是，不就剩这个桌子没被预约了吗？”我们其中的一位说。

“可他们来的人多，你们坐的是店里最大的一张桌子，别处他们坐不下。”中年男人压低了声音说，看他的脸色，肯定以为我们是在故意找茬了。

“那如果我们换到其他的位置，别人预约好了来了，我们是不是得不停地让呢？”朋友也有些怒了。

又一个身着白绸的女人走过来，她打着圆场，反复地解释。老外们尴尬地站在那里，这些住在使馆区的外国人都是中国通，显然能听得懂我们的争执。

大家纷纷起身，拂袖而去。在出门之前，大家才反应过来，这里最便宜的茶68元一杯（盆），加收20%的服务费，还有赚惯了外币的店家傲慢的神情可供国人慢慢消受。

不久，在一份时尚杂志上，看到有人提到A轩，说最初A轩朴素、别致，在众人皆醉的酒吧一条街上独醒，所以才吸引了许多闹中取静的过客；如今，店翻修了，大了，钱也赚得多了，那种茶的味道却找不到了。

我去过A轩，对于文章里流露的些微不满深有同感。

因为去过A轩，我更加珍惜不去茶社的喝茶时光。如果能在草坡上，与三五知己平心对饮，或在陋室中独自斟茶，都是好的。我们向外驰逐，看见了茶社里的铜臭，没来由地糟蹋了这平实的精神！

茶不过是一个饮品。真正懂得茶道的人，一定懂得待人之道。给饮品捎带上唬人的扮相，打着文化的旗号厚此薄彼，那么，茶的温厚，茶的公道，茶的俭朴，都被势利的心丢失殆尽。即便有再好的金玉杯盅其外，却在蝇营狗苟的生意中失掉了茶道，那么，连那上好的茶叶也能让人品出败絮的滋味。

人不也是如此么，还原本性，返璞归真，由品味茶而端正心，才是真喝茶，才是喝出了茶的真味。否则，即便是腰缠万贯的茶社老板，也不过是对一颗谦卑茶心完全不通的门外汉罢了。

一心一意来奉茶

很久没有坐下来专心泡茶了。忙碌的时候，抓起一杯白水以疗饥渴。在头顶骄阳的路上，更不能奢望茶，只好以那些各色的饮料充数。有时候也会在饭馆里点一壶免费的茶，看着灰暗的茶根，故意省略了计较。入乡随俗罢，不能把内心最深处的喜好随时拿出来示人。一来不便，二来也会让旁人不安。

而我知道，我是终究念着那茶的。那不是茶馆里昂贵的消费，也不是流于形式的枯山水，不是瓜子点心的佐料，更不是街边巷尾的谈资。

我爱着的茶，必访自深山，由茶农的厚朴栽培，友人的拳拳相送，浸淫了春天的雨露，蕴涵着清泉的潮湿，有着深深浅浅看不厌的绿，一道白练般的热水冲泡，叶片在水中翻滚、舒展，瞬间那清香被激发出来，附着在紫砂的壁上、玻璃的胆边、伊人的唇齿之间，悠悠远远，飘在周身，萦化于静室里。

那茶，非得专心才渐得其味。若有一时一刻的掉以轻心，它便在那不觉察的刹那冷下去，淡下去。如果偏巧手中有事，六根皆旁骛，那好茶更是被辜负了。每一道的绽放风景皆会被混淆错过，个中滋味更是无法了了。

绿茶与乌龙不同。绿茶的茶具相对乌龙的茶盘茶海来说，有时候只需要一个玻璃杯。但即便它不繁复，也需要须臾的专心以待。

一道白练般的热水冲泡，叶片在水中翻滚、舒展，瞬间那清香被激发出来，附着在紫砂的壁上、玻璃的胆边、伊人的唇齿之间，悠悠远远，飘在周身，萦化于静室里。

所谓绿茶三泡，三泡之后，茶味迅即就淡了。

只这三泡来一心一意，都做不到吗？

第一道，茶的本味；第二道，茶的馥郁；第三道，茶的余香。

慢慢品味，它就依次呈现。

若心够平，意念够凝练，神也安宁，这个时候开始打坐，那该是多么熨帖的引磬入静。而即便不能安坐，却也在习茶的过程里，懂得了珍惜和郑重，也是一桩好事啊。

最怕的是，因为错过，而水漫金山，那茶喝到后面，水都泛出金属色，饮到嘴里，亦有了铁锈味道，这个时候方醒神过来，不反躬自身，却要摇头啐道：什么茶么！那就白白地冤枉了好茶呀。

庐山云雾茶，味浓性泼辣

庐山云雾茶，是名茶，亦是禅茶。“初由鸟雀衔种而来，传播于岩隙石罅……”，故又称为“钻林茶”。

1

去庐山的动议有三个：庐山有很多寺庙；庐山东有景德镇，可以去看看茶具；庐山更东有婺源，是茶乡。

我还是不敢坐飞机。多么可笑啊。不是要空吗？空不掉，是客观上还没到时机；不想空，是主观上在抗拒。分析得再明白，我还是不搭铁鸟。

在我的肉眼里，地球是多么令人踏实啊。

所有眩晕的，抓不住的，莫测的，我都不去尝试。我永远不会去吃第一个番茄，并且即使大家都把番茄当菜了，我也不一定能放胆去吃。

也正因为这个，我的童年没有旋转木马，连万花筒都不玩。曾经在单位组织下，被迫坐过过山车，痛苦的经历提起来牙都要打战。

2

火车经行一夜，在清晨时分我们看到了九江长江大桥。据说这桥是建国后第一座公路铁路两用桥。桥很长，桥下滚滚东逝的是长江。

九江，古时又叫浔阳，白居易曾谪居于此，《琵琶行》中有句“浔阳江头夜送客”，说的正是这里。以前浔阳城的风貌现在是看不到了，而如今的九江却玲珑有致。九江是江西省的北大门，江北就是湖北省的黄梅县，那里是禅宗四祖和五祖的故乡。而九江因在庐山脚下，长江旁边，成为旅游者最好的憩息地。到了这里，才明白“跑江湖”的意思。江西湖北，曾经是佛教最兴盛的地方，旧时的学僧为了求法就在这两地往返，后称“跑江湖”，被沿用到生活里，成了“谋生”的代名词。

这里也是茶乡。还记得北京最早一批五福茶艺馆里，几乎清一色的九江女孩。因为庐山产茶，茶艺员也便应运而生。

在城里走着，除了步行街的时尚品牌店林立外，令人称奇的是这里最多的店铺竟然是五金店！也许是我眼花，起码不下三条街，都是卖轴承什么的。这里的饭菜都好吃，又咸又辣，没什么自己的特色菜，但人人都会做。你不喊停，他们搁盐搁辣子是不吝惜的。

我们入住的是“九江大酒店”，听说这里是给出租车司机回扣的，本来很便宜的房间，如果是司机搭来的，就多收，然后回扣给司机。我们就是被一对自称是下岗职工的夫妻司机搭来的，的确也住了所谓的江景房，可以看得见长江落日。站在江景房里，看着这么美的景色、这么辽阔的江河、这么令人惊叹的苍茫落日，本来觉得很美好很美好，但听说是个骗局，又令刚刚涌上来的诗情蒙上了一层尘垢。

3

东林寺和西林寺毗邻。历史上先有西林，而后因净土宗的鼻祖慧远禅师建寺于东，称为东林。苏轼那首著名的《题西林壁》说的竟然是这里。

我和自己少年时代耳熟能详的典故一一打照面，心里的那份亲切、怀想无法言喻。

站在西林寺安静的下午，我又看到尼师们的背影。

她们在上课。有特别淡定专心的，也有打瞌睡的。年纪都很轻，十七八岁的面容。

在那里，我们久久不愿离开，仿佛被空气中温暖的漩涡所包裹。很欢喜，很轻安，有一些些伤感。

这种感觉在江西行当中，于云居山虚云老和尚的纪念馆前也曾有过。我和石头，趴在纪念馆前的石桌上睡觉。石桌很凉，有蜻蜓低飞。纪念馆关门了，看门的师父去吃午饭了。树底下是和尚们自己种的田，刚浇过粪。风吹来吹去的，时光静止了。让计划和明天见鬼去吧！我们俩就跟没人要的小孩一样，安稳地在别人家门口酣睡。

西林寺的道风是后来听说的。老百姓赞，学佛的人也赞。

那墙上是比丘尼共处的十条清规。看了看，觉得脸都要烧起来。不要比，不要计较，忘我，原谅……清规是约束猴性的，这个孙悟空最参得透。我们都是孙悟空，所以都需要懂些规矩啊。清规多重要啊，做不好，就人我是非；做得好，就天下大吉。

从西林寺出来，绵延不绝的山峦扑面。领路的老乡说这里都叫庐山。

我奇道，庐山不是一座山，是一群山吗？她点头称是。

远望庐山一角，感慨自己是多么浅薄，只有亲临，才明白那么多的诗篇并非只是溢美之辞。庐山之大、之辽远、之幽深秀美，非文字所能尽述。唯有付出脚力、心力和“财力”，才能领略一二啊！

4

妈妈问我们，都到庐山脚下了，怎么不上山去看看？

我跟她讲，原因是怕盛名难副。鉴于我们辛辛苦苦爬上黄山大失所望的经验，担心庐山也只是徒有其名，不如不去。

我的理由是如此充分，但还是在启程要离开的时候动摇了。

因为在它的周边，那些主脉延绵下来的分支已让我再三徜徉感叹。

我想，苏东坡讲“横看成岭侧成峰，远近高低各不同”真的是有道理的。

想看懂庐山，如同要看懂自己的这颗心一样不容易。

他那么美，不值得我停留吗？

于是我们折返，临时决定上山。

结果，我完全被庐山的秀美所击倒。

怎么说呢？天光潋滟？云蒸霞蔚？抑或……

在真的自然面前，人类理屈词穷。

“匡庐读书处，头白还归来”，杜子美于李太白，李太白于庐山，真真儿要算知己了吧。

庐山得天独厚，山水俱全。在庐山行走，如能对几米外的游人视而不见，像极

山本已美极，又有无心出岫之云朵来缭绕；水本已剔透，却来天然嶙峋之山崖巧铺排。

了行吟诗人畅游山水画。山本已美极，又有无心出岫之云朵来缭绕；水本已剔透，却来天然嶙峋之山崖巧铺排。于是，这山的远近成为悬案，那水的落差令珠玉满面。

我看到在去往黄龙寺的山路上，有两处不大的瀑布，一个叫黑龙潭，一个叫黄龙潭。传说是两条龙在寺庙前斗法，被和尚降伏，化做两处清泉。这是黄龙潭的水，也是电影《庐山恋》的景点之一。潭水旁边有块石头刻有“痛饮黄龙”，突然想起岳飞的那句“直捣黄龙府，与诸君痛饮耳”，不知与这里有无相关。有一点倒是来了后才知道的，那刺字的岳母是九江人，古时称做浔阳人。

黄龙寺的寺院虽小，却有名闻遐迩的宝贝——三宝树。相传这三宝树是晋僧诜（音shēn）种植，中间一棵是银杏，两边是柳杉。两棵柳杉平行而立，一棵高39米，一棵则有41米，冠幅均达480平方米。银杏高30米，胸围5.46米，冠幅484平方米。这在森林史上，属高寿，见证了隐居者和出山者的风云变幻。

我还看到蒋介石和马歇尔会谈的旧址，那地方溪流经过，青苔遍布，依着石桌，极目处是广阔的山峦。为促成国共和谈，马歇尔创下了两个月内八上庐山的纪录。然而，在这里，假名修心养性的蒋介石，却依然内战驰骋。

我也看到毛主席游泳的水库。在夕阳的勾勒下，那简直是高山上的一面湖泊，天使掉下凡间的一滴眼泪。它那么美，那么安宁，那么让人留恋，但当伟人在这里游历时，却酝酿的是刀光剑影。

我不能理解，不能参透，不能以书生的情怀窥测剑客的比武，不能权衡宏观时代需求与微观个人命运之间的是非恩怨。

庐山如此秀丽怡人，依旧不能改变人的观点或陶冶人的情操。

景关心，是因为心依赖景；而景不关心，那是因为对于心来说，它只是个背景。

5

上了庐山，不可能不提起《庐山恋》，这几乎是一部庐山的风光宣传片，并且是由当年最走红的银幕情侣郭凯敏和张瑜主演的。

在遥远的1980年，“四人帮”刚被抓起来不久，大多数中国妇女尚不知道化妆品为何物的年代，清纯的女演员张瑜在该风光片当中一共换服装达43套之多，她在女烈士、女干部、妇女代表风行太久的幕布上，公然上演娇嗔、回眸一笑，甚至还和堪比洪常青王心刚一样的帅哥拥抱，不可不谓惊世骇俗得很！

而庐山电影院从影片上映之日起，时至今日，仍坚持每天放映一场《庐山恋》，二十多年来日日不辍，也成了一大景观，2002年还上了吉尼斯纪录。而我路过了这里，亲临他们小青年避雨的牌楼，他们戏水的黄龙潭，他们读外语的杉林，看到从他们的眼中曾经看到的九江城和鄱阳湖。

唔，我仍要说，那不够美，那镜头里的景色仍然没有亲临其中美好。

文字可以说得天花乱坠，镜头亦能够营造出一时一景，然而，山风是如何吹拂到你的心里去的？水雾和你有着怎样默契的接触？

花与草不管你看抑或不看，年年岁岁，我自飘摇；而那些寂静的筱林深处，斜阳和毛竹的交谈，寺庙和炊烟的晚唱，青石阶上歇脚的路人仰头闭目的瞬间……这一切都唯有亲临，唯有体会才能看见。

在真的自然面前，所有媒介都乱了方寸，失了色。

6

就是在这里，我喝到了庐山云雾茶。

庐山云雾茶是名茶，亦是禅茶。“初由鸟雀衔种而来，传播于岩隙石罅”，故又称为“钻林茶”。真正的钻林茶生长在峭壁，灌木荆棘密布，不好采摘。但得之，则幸甚。

我问茶农，这茶有什么特点啊。茶农张口即来，庐山云雾茶，味浓性泼辣。我觉得她说得好，特别精到，还琅琅上口。她就笑我，这不是我编的，这是朱老总的诗啊。

孤陋寡闻如我，汗颜不已。

这庐山云雾茶始于晋代，唐朝时已闻名于世，迄今已有一千多年的历史。据《庐山志》记载：“东汉时……僧侣云集。攀危岩，冒飞泉。更采野茶以充饥渴。各寺于白云深处劈岩削谷，栽种茶树，焙制茶叶，

那些寂静的筱林深处，斜阳和毛竹的交谈，寺庙和炊烟的晚唱，青石阶上歇脚的路人仰头闭目的瞬间……这一切都唯有亲临，唯有体会才能看见。

名云雾茶。”

相传云雾茶最早是一种野生茶，后来庐山脚下的东林寺名僧慧远将其改造为家生茶。

慧远因其才学和高志，吸引众多同道追随问学，竟有千人之多。慧远与其中123位结成了社团——白莲社，倡导弥陀净土法门，后世推尊慧远大师为净土宗始祖。他曾在东林寺用自己栽种的云雾茶款待诗人陶渊明和道长陆修静。儒释道三人，惺惺相惜，廓而忘言，老和尚竟破送客不过虎溪的规矩，留下了“虎溪三笑”的佳话。

诗人白居易被贬江州，曾来庐山北香炉峰结造草堂，闲适隐居。他以“药圃茶园为产业”，甚至把茶当酒：“无他今杞酒，无比此壶中。”

清代的李绂著有《六过庐记》，载有：“山中皆种茶，循茶径而直下清溪。”可见当时庐山的茶业是何等兴盛。

茶农打开茶包，有扑鼻的清香，那叶片是幽深的绿，叶片上有白毫。一道开水激下去，庐山的潮湿空气，弥漫云雾，蒸腾在眼前方丈的凉意，就都在杯中升升沉沉了。

我们上山的这一天，天放晴了。不止一个庐山人夸我们运气好，说庐山一年365天，恨不得300天都是云雾天气，雾大时，5米之外看不见路。我们来，庐山却出了太阳，不仅长江能看见，连鄱阳湖的一角也在远眺中波光粼粼。

哦。怪不得，这个茶竟然会这么香。有光，却不暴晒；有风，却不劲吹；有云蒸霞蔚，有雨露甘泉，得天独厚，茶的馥郁被滋养出来。色泽清凉浅淡，及入口，才知道什么唤作醇香四溢。

7

我们要离开庐山了。

其实还是有一处没有写。姑且不写他的名字吧。

我们喜欢那儿，是因为喜欢那山和建筑的圆融一体，喜欢他的雄浑金刚之气。

不能说没有疑虑。

疑虑来自安贫乐道的古训。

我们走世界，不需要认识世界；
唯一需要认识的，是自己。

修道者，怎能金碧辉煌地挥霍？忉利天宫，只应三十三天上有，若人间目睹，岂不惹人讥嫌？

看见过于雄伟的，除了感叹外，确不能判断，唯有敬，而远之。

就在离开的时候，我们遇到了一个愤懑的司机。他似乎门儿清，却又带着深仇大恨，给那里贴标签。

我不了解，不下结论，但非议和疑虑令我不愿轻易地赞叹。

任何事情，都是这样的吧。

即使是真的，也会遭遇诽谤；如若偏巧是伪的，刚好舆论监督。而对于真伪的标准，在于我们的参学深浅，在于我们的立场，在于我们的好和恶。

而这一切，都不重要。

“不识庐山真面目，只缘身在此山中”。东坡的诗，小学的时候读，还自不量力地嘲笑这一首用词怎么这么浅白老实，这时候再读，却读得冷汗直流。

我们走世界，不需要认识世界；唯一需要认识的，是自己。

这也是庐山的茶味。那么多的篇章和意气，都给我们提供了不同的指向，泼辣的茶只有等我们的味蕾更加成熟时，才更能辨析出真味。

蒙顶山①上的甘露

甘露的嫩芽翻滚，浅浅的绿，入口有嫩竹的香，令人回味无穷。

最早知道蒙顶山上茶，是因为我爱的人，他的家乡在蒙顶山脚下。据说那个山上的茶以前是贡茶，不仅给朝廷定期上贡，也是康藏路上最重要的通货物品。

据说，公元前53年，茶祖吴理真在蒙顶山就开启了人工植茶的先河，后来诗人的那句“扬子江中水，蒙顶山上茶”，更是道尽好水与好茶的出处和相契。

---

① 蒙顶山，又叫蒙山，位于四川省雅安市名山县城西北。

而第一次尝到山上的茶味，是他的母亲邮寄了包裹。那是三月底四月初，正是明前。两种茶形，一种是小叶，有绒毛，味道清香，唤作甘露；一种是条形瘦长饱满，呈青黄色，口感浓郁，唤作黄芽。

两种茶，都非常清丽，而不招摇。

相比于它们在历史上曾有过的盛名，如今蒙顶山上的茶悄悄地在西南山林中散发着幽香，少人知晓。去茶城和茶店，也甚少能寻访到它们。

后来有机会去蒙山。这山矗立在四川雅安名山县，如同它周边的那些秀丽山河一般。蒙山不出奇，满目青翠，春天里的泥土散发着潮湿的味道。一个缓坡下来，几乎都是层叠的茶树，树都不高，泛着油绿。天光虽明亮，但云遮雾障，露水却正浓。我知道，这是特别适合茶叶生长的气候。

在这座山上，有不少寺庙，我们当时去了两座，一个是山顶上的永兴

蒙山满目青翠，春天里的泥土散发着潮湿的味道。缓坡下来，几乎都是层叠的茶树，树都不高，泛着油绿。

寺，一个是山中的千佛寺。永兴寺是古庙，目前是尼师道场。巴蜀多雨，雅安更是被称作“西蜀漏天”，那红墙经年被雨水冲刷，倍显斑驳苍凉。而院墙的缝隙中，又满满是青苔，为古朴的院落添上了一抹幽深之色。

刚刚落座，当家师便给我们端来了寺院里自己种的茶，师父说刚刚试栽培，还没有正式推广，等到来年就会蔚然成风。那开水冲泡下去，甘露的嫩芽翻滚，浅浅的绿，入口有嫩竹的香，令人回味无穷。

然后师父又留我们吃饭。已经过了饭点，菜有些凉，但非常好吃。我们不敢劳烦行堂的小师父，都自己去舀饭。不知是我饿了呢，还是永兴寺的饭菜香呢，竟然添了两次饭，还觉着意犹未尽，但看大家都起身去刷碗了，我实在不好意思再去吃一回，只好悻悻作罢。这次经历，知道四川的师父们是吃辣椒的，也才知道辣椒并不在忌口之列。

听师父介绍，永兴寺是佛教晚课里的“蒙山施食仪”发源地。

僧人们每天下午四点开始晚课，其中很重要的一节是唱念“蒙山施食仪”，那是给六道里轮转的畜生饿鬼

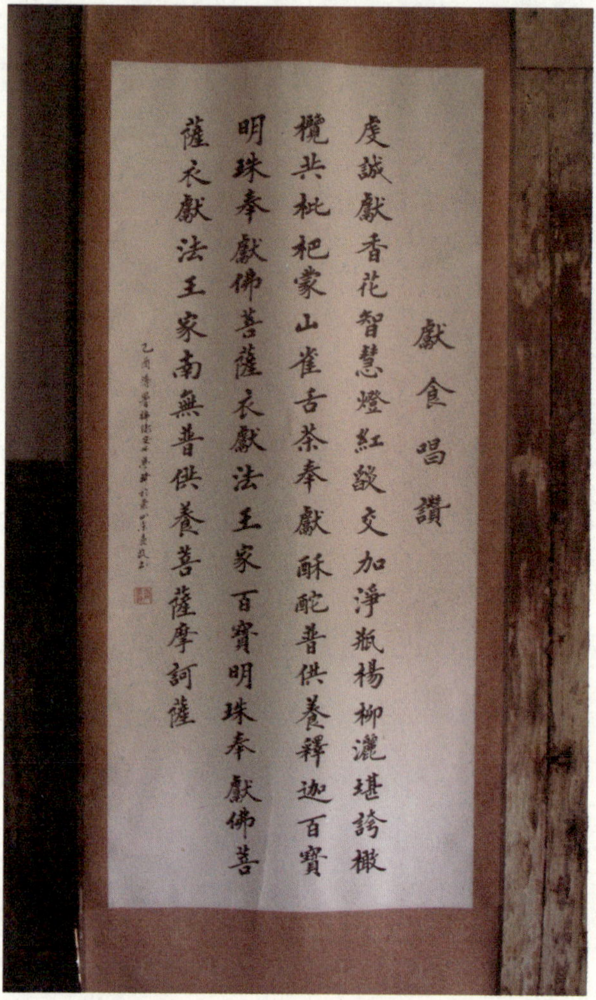

宋代甘露禅师在蒙山永兴寺写下这些仪轨，故而施食仪称作蒙山施食仪，而这山上那最出名的嫩芽清茶，被唤作“蒙顶甘露”。

布施食物的功课。僧众们齐心协力地唱那些咒文，以清净之心来发愿，来布施，来成就悲悯之心。这个仪轨是宋代甘露禅师制定的，当年他就在这里，在蒙山永兴寺写下这些仪轨，故而施食仪称作蒙山施食仪，而这山上那最出名的嫩芽清茶，被唤作“蒙顶甘露”。

竟然是这样啊。

后来去千佛寺。千佛寺的庙门很有意思。它没有画天王或金刚，却画了两幅讽谏当地民风的简易壁画。左边一幅是一个男子抱着美女的堕落图，右边一幅是一个摸着“九万”的人的堕落图。我和一众四川人看见这壁画都笑。整个四川，是麻将的乐园，闲人的天堂，这个图恐怕是善意的提醒罢。

千佛寺是大僧师父的道场，我们去的时候，已是黄昏，晚课正在上演，鼓声阵阵，让人的心声也跟着震颤。隔着帐幔，看见有成都来的和尚大声地领唱，婉转而坚定。大众唱着，有师父出殿门，在殿外的佛像前布施食物，神情庄重而慈悲。

我驻足在那里听，终于听到蒙山施食仪，那一句接一句的安抚，那一句接一句的真言，让我敬畏。不可思议。

一年过去了。我们的生活中有了机缘印行《地藏经》，发起的几位善友信任我们，把大部分经书都放在我家里了。经书印了出来，如果不流通是不好的，于是每个周日，我都和他坐上车，去寺院里送书。

后来想起了永兴寺的师父。她对我们那么好，对每一个爬上蒙顶山的人都那么慈悲，但那里可供大家结缘的书却很少。我们给师父寄了很多本，希望更多的人能看到。

那书发起印行时，善友说与天下的父母儿女结缘，愿相眷恋的心永不失散。《地藏经》正是这样的大经。它里面的方法论告诉我们不失散的所有可能性。我揣测着，把法的甘露分享给经书匮乏的边地，也是善友们的心愿吧。师父收到后很高兴，专门给我们打了电话，说冬天过去了，新茶就要出来，那个时候，有她种的甘露送我们。

春寒料峭时分，四包甘露如约而至。清香扑鼻，情真意切。我看到那上面写着：蒙山施食仪发源地。永兴寺甘露。

这让我又想起在终南山，我曾遇到一位唱经非常震慑大众的师父，每每下午听师父唱起“蒙山施食仪”的时候，我都被其中的韵律所触动，在师父如同金刚作法似的奋勇里，我听到大悲之声，在那满含眼泪的咒语里，时而低诉，时而斥责，凡界与冥界以最善的方式被连通，布施和供养在瞬间有了不二的姿态。我跟师父说，想学这个，觉得亲切、震撼、温暖、感动，师父却劝止。他对我说，在家居士，单枪匹马，力量不够，不能解救却反被其扰，要谨慎啊。

嗯。我便听从。

若能领受甘露，回馈甘露，这心还要奋勇，还要增长，还要锻炼。

我期待着。

事关普洱

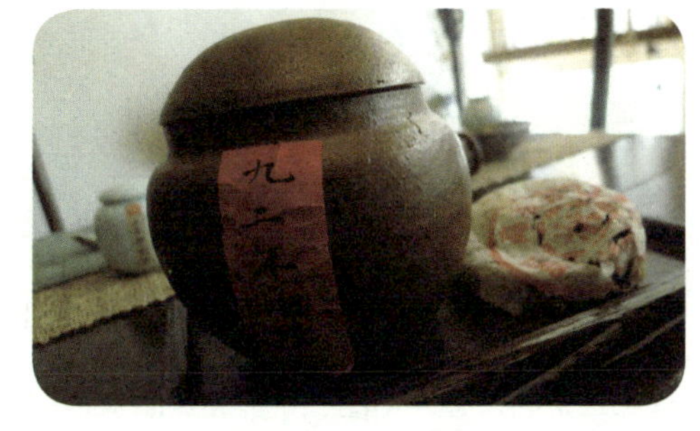

我不愿掩耳盗铃，也不愿拔苗助长。只有真正地习得，遭遇才有价值。

今年，似乎身边所有的人都开始喝普洱。中年男子们举例说，喝了一年的普洱，腰间的救生圈都不见了。女孩子们更是听闻普洱可以减肥、美容、暖胃且不醒神而趋之若鹜。春节的时候，大家知道我爱茶，送的茶中最多的竟然也是普洱。最夸张的是，舅爷送了一个大得令人匪夷所思的茶饼，我望着那个放进衣柜连柜门都关不上的大号普洱，不由失笑。

最早是什么时候开始喝普洱的?

连我自己都有些忘了。刚刚习茶，对所有的茶种都感兴趣，去茶城，往往都要待上一整天，喝茶喝得微醺就吃几颗糖，或者买茶城的点心吃。似乎就是那个时候，在一家茶铺里遇到了普洱。

那普洱做成了紧压的茶饼，色泽晦暗。我正犹豫着，店家已经热情地给我取了些茶，告诉我说不要看它样子不好，其实冲泡以后，味道和汤色都非常不错呢。我袖手看，那接近于黑色的叶片，经过水的冲激，竟然在玻璃的汤杯里映现出沉郁的深红色，而水面上幽幽地飘着一层茶油，茶油上飘散着水的热气，似有若无，倒真有些许韵味。

店家殷勤的眼神让我不好拒绝，我端起杯来，啜饮再三。果然好喝，有点红茶的口感，却比红茶更粗犷，更醇厚，除却了雕琢，有一丝荒草般的恣意。

于是欣欣然买了六个茶饼，店家告诉我这个样子的普洱，他们也唤沱茶。

在川藏线、滇藏线的茶马古道上，为便于携带和保存，茶农们把茶制成了紧压茶，沱茶也由此得名。

我把这茶饼放进茶筒里，正好能放五个，装满了沱茶的茶筒用来供佛，剩下一个自己喝。

可是真正开始喝，问题却来了——那茶很难打散！每次要喝，总是对着这一小坨茶发愁。我初学，没有工具，有时候是用洗紫砂壶嘴的茶针，也用过西餐刀，还有一次，连母亲做缝纫的锥子都用上了，我如同笨拙的力士想穿针引线一般束手无策。那坨顽固的茶饼自然也因我的鲁莽被弄了个不堪入目——茶叶倒是切下来些，叶片却完全被破坏，茶味虽好，但入口也伴了很多茶渣。

直到有一天，一位朋友请我喝她藏的普洱，她清雅如法的操作让我耳根都发了烧。那紧压茶取用也有道，有专门的普洱茶刀，顺着茶形，找出它层叠排序的规律，然后以不伤害叶片条形为宜来顺势取茶。她递给我泡好的茶，我悄悄地饮，心里却感叹，这好好的茶在人家手里，便得善待，在我这里，却着实有些愧对。

第二次喝到他人泡的普洱，是在夏天快要过去的时候。我应了友人的邀请，说是来了海外的茶师，有六十年代的陈年普洱。我好奇，便去。据说，普洱的年头越久，茶越好，这倒是像酒了，茶一般是要喝新茶才好，而这普洱却是历久而弥香。六十年代的陈年普洱也不好遇到的了。

进了门，朋友示意噤声。脱了鞋，光脚走进客厅，却吃了一惊。那客厅里已经坐着十几个人，面前都有茶，均鸦雀无声。朋友俨然是这里的熟客，安排我坐到茶师的身边，又有两人跟随坐下，那二人显然比我更惊奇，坐下来就问个不停。茶师似乎有更深的意味，他安抚着那两个人，但并不奏效。那茶色如琥珀，明艳晶亮，只是以我并不尖敏的舌根来品，其味与家里便宜的茶饼并无优劣之分。

两个聒噪的人终于走了，留下的众人各自安心品茶，这凝重的气氛逼人大汗淋漓。我不能走，却也不喜欢这里的氛围，索性垂目打坐。坐下来却觉得清爽起来，浑然失了是非判断。良久，那茶师唤醒众人，一个年轻人端来了西瓜，我也不含糊，拿起就吃，茶师却望着我笑，你经常喝茶吗？我只看瓜说，不，不怎么喝。

离开朋友的宅子，我像得了解放。夜风寒凉，让我不知所从的心清清历历。

后来朋友还打过电话，我答说不去了。

喝茶亦是闲人事，若聚众，若有神鬼气，不如菜根布衣，泡一碗盖碗花茶来得安逸实在。

抑或是我有眼不识泰山，抑或是我仍落言诠，但我却知道自己所行不作假，不愿掩耳盗铃，也不愿拔苗助长。只有真正地习得，遭遇才有价值。

及到了云南版纳，得了包装精美、价格不菲的普洱，泡了来喝，却不好喝了。不知道是自己选得不好，还是其他什么原因，总觉着口感有些粗糙，而汤色也不均匀。这是普洱源头啊，怎么会这样呢？不得要领之时，同行的飞姑娘搭上我的肩，她告诉我说，往普洱里放些菊花试试。

飞姑娘，是广州的艺术家，颇有恶搞天分，我也乐得一路莞尔，只是她拿信仰来恶搞，让我觉得失了分寸。我这个法执自以为得理，便叱咤了一回。众人都难堪，我也因觉察嗔心而羞惭。我痛苦地回想，为什么我总是能觉察，却不能应对得法啊！到得瑞丽，那更是南传佛教广为信仰之

习茶之门仅方丈，而饮茶之道却遥迢。事关普洱，还有千手千足，我若想品得真正茶味，尚有诸多盲区可探。

所，她却来问我，拜佛的时候为什么要翻掌。我讲给她听，她依法而拜。我知道，她宽厚，而我弗如。

我往普洱里放了七朵菊花。水冲泡下去，菊花舒展开来，浸润在红色的茶里，她们温和婉静。茶泡出来，果然一改晦涩，变得香甜。问她，她轻描淡写，广东人的习惯啊，菊普么，冬天喝，口感不错，还不上火。她冲我挤挤眼睛。

普洱里可以加菊花。普洱足够深沉，但晦涩上火；菊花却清凉，能平衡调和。嗯。是了。习茶之门仅方丈，而饮茶之道却遥迢。事关普洱，还有千手千足，我若想品得真正茶味，尚有诸多盲区可探。

功夫泡与大碗茶

人有迷悟两种，法无东西二般。
茶香，茶味，茶道，不也是这样吗？

“我爷爷小的时候，常在这里玩耍，高高的前门，仿佛挨着我的家，一蓬衰草，几声蛐蛐儿叫，伴随他度过了那灰色的年华。吃一串冰糖葫芦就算过节，他一日那三餐，窝头咸菜就着一口大碗茶。世上的饮料有千百种，也许它最廉价，可谁知道，谁知道，谁知道它醇厚的香味儿，饱含着泪花，它饱含着泪花。”

一曲《前门情思大碗茶》，令大碗茶的名头家喻户晓。

一个白布棚子，一张长条桌子，几个粗瓷大碗，敞着门，漏着风，依傍着城门楼子、关帝庙的门脸，大碗茶就在风霜雨露里等着你了。

那是老北京城里最低档次的茶馆，人称野茶馆，赶大车的、赶脚的、拉骆驼的、做小买卖的，还有进城来的农民就在这里歇脚，卖的是大叶茶，最好的也不过是高末。但因为价廉、解渴，又滋润奔波的身心，成了百姓们最乐意待的地方。

也有挑着担子沿街卖的大碗茶，卖的人多半是老头，或者是半大的孩子。那挑子一头是一个短嘴大肚的绿釉大茶壶，壶身包上棉套，另一头是荆条篮子，篮子上盖块布，布底下是几只老粗碗。为了与大瓦壶的重量达到平衡，往往会再压上一块大砖头，有的还预备几个小马扎。谁要是喝茶，他们就恭恭敬敬摆下小板凳，请他坐下，捧过去一大碗酸枣叶子泡的茶。

这样的风情画貌，饱含着过去穷苦民生的念想，带着珍惜的心境，把茶叶里的那份质朴传达了出来。

它省却了繁文缛节，抛开了势利分别，喝的就是这个茶的本味，这份平易、透脱和自在。

茶叶诞生以来，曾经一度成为贵族们把玩的珍品，斗茶、茶宴，更是借茶滋长了奢靡的风气。但在普通百姓眼里，茶，就是开门七件事里的一件，它平常、平等而朴素。也许不名贵，也许不新鲜，也许不气派，但它省却了繁文缛节，抛开了势利分别，喝的就是这个茶的本味，这份平易、透脱和自在。大道两旁、车船码头、半路凉亭，直至车间工地、田间劳作，一碗茶泡上一整天，日子也过得坦然自尊。

岭南人喝茶不是这么喝，他们最出名的喝法是功夫茶。

每每讲起北方人喝的大碗茶，或者盖碗花茶，性子直的就会说，哎呀，你们这些北方人啊，连茶都不会喝！委婉的，也会用同情的眼光再三看你，而欲言又止。

功夫茶起源于宋代，在广东的潮州府（今潮汕地区）及福建的漳州、泉州一带最为盛行，是对唐宋以来品茶艺术的承袭和发展。在潮汕本地，家家户户都有功夫茶具，每天必定要喝上几轮。即使侨居外地或移民海外的潮汕人，也仍然沿袭着品功夫茶这个风俗。可以说，有潮汕人的地方，便有功夫茶的影子。

在北方人眼里，功夫泡比较累，不习惯的人会称之为“矫情”“小家子气”。苏辙就曾有诗感叹：“闽中茶品天下高，倾身事茶不知劳。”

但实际上，功夫茶有着它自己的意思，而这意思若和大碗茶来比较的话，实在是说的一个道理。先来看它的泡法。一般是主客四人，主人亲自来操作。首先要点火煮水，水开之后要拿水来暖杯，第一泡水要倒掉，为的是把茶叶唤醒、温润，而不喝茶的风尘。第二泡水泡茶后，要用滚烫的水来淋浇茶壶，目的是内外相激，气韵彻里彻外。待到茶壶上的水一干，就可以斟茶了。

斟茶的时候，四个茶杯围在一处，以冲罐巡回穿梭于四杯之间，直至每杯均达七分满。此时罐中之茶水亦应刚好斟完，剩下的余津还需一点一抬头地依次点入四杯之中。潮汕人称此过程为“关公巡城”和“韩信点兵”。这时四个杯中的茶量，茶色都均匀相同，示为公平公道。最后，主人将斟好的茶，双手依长幼次序奉于客前，先敬首席，然后左右来宾，自己最末。

功夫茶是一种茶艺，泡的茶多为铁观音、岩茶。其泡法和大碗茶的直心肠相比，的确是非常讲究了。它的手法繁复而有次第，但与大碗茶相类的是，它也来自民间，所要表达的也还是平等和尊重的精神。

如果到岭南出差，会发现这么繁复的技艺，在鼓浪屿的渔民家中，也就是寻常喝法。

功夫泡里的公道杯，要我们把一样的茶味均分给众人，巡城和点兵，是要更细致地检验自己是否偏颇，是否心里还在亲疏远近地掂量。

方法途径不一样，喝出来的茶却是一样的香，那茶叶里含藏的茶道是一样的平凡。

这让我想起那不识字的惠能，站到了禅宗五祖弘忍的面前，说要学得做佛之法。弘忍试探他，说道：你是个南蛮子，怎么做得了佛？惠能答道，人有南北之分，佛性本无南北。

又有人问惠能，念佛求生西方，到底能不能去啊？惠能一语惊雷：东方人造罪，念佛求生西方；西方人造罪，念佛求生何国？！

人有迷悟两种，法无东西二般。

茶香、茶味，茶道，不也是这样吗？

高下之分只是途径，在没有喝到真正的茶味之前，分别分辨就是舟楫；在突然觉悟到茶道的深义时，功夫泡和大碗茶，又有什么不同？老北京和岭南人，又有什么差别？

讲究和将就，全都是名义相，是喝茶的万千脸孔，而那真正的一颗茶心，却是从容、坦荡和酣畅淋漓的啊。

解毒的茶和断肠的草

解毒的茶和断肠的草在翻云覆雨的戏台上换了行头。再看，谁是那解毒的？谁又是那断肠的？是风月宝鉴里娉婷含笑的红颜？还是那面镜子背后令人怖畏的白骨？

如今的时代，爱喝茶的人越见多了。1988年，老舍茶馆开张，这是文化浩劫后北京的第一家茶馆。到了1999年，11年过去，仅北京而言，茶馆已增至五六百家。也是1999年，在云南，普洱茶还是门庭冷落的积压品，到了年底，海外的茶商纷纷前来抢购，做绿茶生意的云南人恍然间发现原本囤积成愁的普洱已成了紧俏货。2002年的广州，茶博会上的拍卖，更是令100克的宫廷普洱有了16万元的身价。从此，普洱可以养颜、减肥、对治三高的好名声不胫而走。如果你自诩时尚中人，却不知普洱大名，那么是会被人哂笑的。

由此，一贯在酒桌上大宴宾客的生意人开始以茶为礼，上千元甚至上万元一斤的茶都有人追捧订购。还有许多人开始把玩名壶，比较舌根，酒狂不见少，茶癖日益增多。

翻看《茶笺》，爱茶的人有如蔡君谟，老病之故不能饮茶，终日以煮茶为乐，苏东坡有诗叹之："年老耽弥甚，脾寒量不胜"，其意趣可谓茶痴；再看《云林遗事》里的元镇，唤童担泉，以前桶水来煎茶，后桶水来濯足，说前桶无触，而恐担泉人排出浊气，污染后水，所以不用，其情状可谓洁癖。

茶的确当得起人们的厚爱。最早，神农氏尝百草，有一日竟中七十二毒，身躯倒在丛林里，伸手可及之处，静立着貌不惊人的低矮小树，那上面碧绿的叶片温柔地飘摇，神农取之，闭目咀嚼，竟有清香盈口。沁人心脾的凉意抚平了体内的翻江倒海。因能解毒，茶首先被人们认识了其神奇的药用。

小苦丁的败火，金莲花的清肺，铁观音的涤荡身心，祁门红的暖胃，百种茶色，因它们对人体的裨益，而广为传颂。茶的好处一两句是说不尽的，既可疗嗜睡，又令人常醒觉，因其味清、性俭，更是被赋予了正直、清廉以及智慧明觉的涵义。

然而，这世间，万事都有两面性，好比双刃剑，艺高可封敌之喉，错用则会自伤。茶的确有解毒之功，但若耽溺，解毒的茶也会生出百般的病。

有人喝茶喝出了胃病，有人喝成了贫血，还有人因此罹患了肾结石。圣雄甘地就曾经在他关于健康的畅销书《打开健康之门》里提到，茶不是身体必需的。他指出英国妇女因为嗜茶而患病的人不在少数，并例证茶叶里的鞣酸会导致消化不良。甘地的说法有一定的道理。其实，鞣酸对人体也是有利有弊，做成软膏，可治褥疮；而如果过量使用或使用不当，也有可能造成吸收中毒。有意思的是，甘地在提到茶、咖啡和可可的时候，有一句话更说出了问题的症结——我曾经因为没有节制的饮用这三种饮料而患病，放弃它们后我毫发未损。

没有节制的饮用，超过了一个合理的度，那么，利与害便发生了转化。

这让我想起很多。

曼陀罗花，美丽而神秘。有人爱她，觉得她有灵性的美，在西方的宗教里，她是通灵的花；在佛经中，佛开始讲法，天雨曼陀罗；在华佗的麻醉剂里，她是配料，减缓手术病痛，亦是功臣。但如果过量，她即是毒药，令人致命。

瑜伽，令肢体的开合达到极限，挑战多年来倦怠而沉睡的身姿，但也有爱美心切的女子，因为锻炼的强度超过了承受范围，而出现视网膜脱落、出血，甚至骨折的严重后果。

释迦牟尼佛成道之前，曾苦行六年。六年里他几乎摒弃了所有常人的享受，苦行到极致时，他形容枯槁，骨瘦如柴。然而他体验的苦却并未给他带来彻底的觉悟。在奄奄一息之际，莫要说觉悟，连生存都成了岌岌可危的事情。危急关头他接受了牧羊女的乳糜，恢复了体力，然后在菩提树下端坐，终于证到了无上正等正觉。

如同放逸是修道的大忌一样，苦执也是修道的障碍。依靠食物但不贪恋食物，修行但不死于修行，以舟渡河而不过河之后负舟前行，佛陀通过他的亲身经历告诉我们，用，巧用，善用，而不耽于用，那么才会物尽其用。

喝茶亦是如此。喝出胃病的人，可是因为空腹饮茶？可是因为饭后立即泡茶来喝？空腹会茶醉，饭后饮茶会冲淡胃液，影响消化；而胃寒的人喝了性寒的茶，又怎能无恙？

还有隔夜的茶，如同馊了的饭，能因为可惜而损害身体么？

又如咽喉发炎的人，却还把茶当解毒的药，殊不知茶也是刺激喉咙的罪魁之一。

而那本就失眠、神经衰弱的人，还要茶做什么？不如一杯温热的奶，来得安详。

如果喝茶，未得意趣，不循其理，不知其法，只是囫囵吞枣，邯郸学

茶，正是我们人生法典里的绝佳假说，它之于渴者，是为甘露；之于溺者，是为水厄。

步，那不过就是牛马饮，乃不解人间愁痛的一介莽汉罢了。

在这世间，万物都是假借物，一可推三，三可及众。茶，正是我们人生法典里的绝佳假说，它之于渴者，是为甘露；之于溺者，是为水厄。

而那些我们一贯标为有毒的众物，却枉担了骂名。若取之有道，它们都能适得其用。遥想父亲年轻时曾患有痼疾，遍访名医而不愈，后来在兰州遇到了一位年迈的老中医，给他开了方子，那方子的药引竟是五毒——蝎、蛇、蜈蚣、壁虎和蟾蜍！拿到药方，无人不惊骇，但命悬一线，只能以毒攻毒。就是这令人骇然的苦药，救了父亲。

再看那令神农致死的断肠草，含剧毒，人若误用，不能及时医治，很容易丧生；但也正是这个所谓的断肠草，外用，却能治疗湿疹和痈肿等顽疾。

解毒的茶和断肠的草在翻云覆雨的戏台上换了行头。再看，谁是那解毒的？谁又是那断肠的？是风月宝鉴里娉婷含笑的红颜？还是那面镜子背后令人怖畏的白骨？万花筒转啊转，那繁花的排列没有恒常固定的相!

我们假借一切，无论凡人生活，无论心意暂住，都是为了窥破面具，领略真味，若不能如此，方外人跳将成当事人，尚未发现去路，已开始了迷走，那么，法身堕落成凡胎，慧眼近视成人目，便真真儿可惜了这大千世界背后隐匿的华藏奥妙啊。

第二辑

一个人的思念

父亲的茶

尽管我当年只是年幼的见证者，但我有记忆，
一直心存纪念，永志不忘。

父亲什么时候开始喝茶的？

我没有问过他。反正在我小的时候，他已经开始喝了。那是在四川，南坝的老乡们在明前、谷雨时分挑了担子，和蔬菜一起卖。四川是山清水秀的地方，再贱的茶也清香。父亲那时候的月工资是61元，茶叶上季的时候，他就要掏出5元钱来买茶，5元钱可以买

一斤茶叶。每天一下班，他就拿他的保温杯泡上一大杯。

我喜欢喝父亲的茶。他泡好晾凉的茶总是自己还来不及喝，就被我偷跑着一股脑地咽下了。他常常嗓子冒烟地看着空杯子来气，问我说，你什么毛病啊，就好喝现成的？

父亲气急败坏的样子让我觉得亲切。他没有架子，不像我的长辈。他跟我说话，让我觉得平等。有时候，我暗暗地遗憾，如果我是个棒小伙子该多好。父亲肯定会捶着我，和我称兄道弟。

1

爷爷是茶商，来自乔家大院所在的祁县。从这里，走出了很多诗人词人，王维、温庭筠，还有许许多多在黄河流域倒腾茶叶的商人，爷爷便是这些商人中的一个。这也是父亲和茶最早的渊源了。但是，祁县出来的青年过早离世，爷爷客死他乡的时候不到三十岁。他褡裢里的茶香，在父亲的记忆里是个空白。

父亲没想到能上大学。

他的理想在高中二年级的时候已经被生活摧毁了。那一年，奶奶去世，家里分家了。尽管还有两个叔叔，但因为他们之前并未善待他的寡母，父亲忍泪吞声，发誓做了孤儿。

奶奶病重的时候，父亲回到农村照料她，耽误了一年的学习。老人走后，父亲开始恶补功课。别人慢慢消化的知识，他囫囵吞枣地暴饮暴食。

我曾经看见过父亲高中毕业时的照片。父亲有一双美目，眉骨高，眼窝深，鼻梁挺拔，眼神里有一丝深切，又有一丝羞涩。后来我发现山西的大山坳里，经常有父亲这种长相的人，他们或许是农夫的身份，但却在相貌上隐约露出鲜卑、匈奴或者拓拔人的血统。看到土耳其国家足球队的伊尔汉帅哥后，我觉得他们的轮廓有神似之处。鉴于成吉思汗曾经一直开疆扩土到欧洲，我臆想着或许父亲的祖先里有土耳其血脉。

在那张一寸发黄的照片上，父亲浅笑着，衣领上打着补丁。

他拼了命地去学习，为的就是离开家乡。

那时候他报的志愿全都是海洋物理系。清华大学、山东大学还有其他学校。他告诉我，之所以要去学这个专业，就是为了去远方漂流。

“我就是那汪洋里的一叶孤舟。”他竟这么说。

父亲的文艺情结很快受到了严格体检的嘲笑。因为近视，他不能学这个专业。

他也不再心存幻想，下午四点高考一完，他就独自坐上火车去了大同的口泉煤矿。有好心的叔叔给父亲介绍了一个临时工的活儿：在矿上抖水泥袋，一天能有四五元。在那个时候，一斤西红柿也只要三四分钱，所以四五元，就是巨款。

父亲觉得这辈子兴许就要去做矿工了。也挺好的。就生活在矿上吧，让彻底的黑暗来对抗刺目的白昼，让繁重的劳动来忘却心里的痛。

父亲坐了一整天的硬座到了风陵渡，换上船，穿越滔滔黄河，在那排山倒海般的浊浪里，父亲果真像汪洋里的一叶孤舟了。

他累得要虚脱。跟自己玩命。母亲每说起那一段时光，都心疼不已。

那时候，父亲的生活里没有茶，吃顿饱饭就要谢天谢地了。

茶，那是需要有福报才能安享的。

2

就在父亲对未来死心的时候，录取通知书姗姗来迟。

最后一个志愿录取了他，兰州大学化学系。

父亲背了40公斤的行李，所有的书，还有被子，几件破旧的棉衣，这就是他全部的家当。那时候太原到兰州没有直达车，可以走两条路，北路只需要倒一次车，但要花50多元钱。南路要30元。父亲没有钱，路费是父亲的表哥接济的，所以尽管南路遥远曲折，父亲还是选择了南路。他坐了一整天的硬座到了风陵渡，换上船，穿越滔滔黄河，在那排山倒海般的浊浪里，父亲果真像汪洋里的一叶孤舟了。抵达潼关后，再倒车，经过近20个小时的颠簸，到了兰州。路上有多艰辛，年轻的他心中有多感慨，父亲只字不提。那次离家，让他只对好心的表哥终生记恩。

三年以后，因为成绩突出，父亲被选拔到现代物理系原子能物理专业继续深造。在那个课堂上，他的老师说，从事放射性工作的同志，为了排毒，平时要养成喝茶的好习惯。

父亲被祖国选择了。他即将从事的，是在那个讲出身的时代非常机密的行业。喝茶，是工作的需要，是光荣的任务。

按说西北算是父亲的福地。在那里，他的事业抬头，有很多姣好的女孩喜欢他。他根红苗正，被机要单位器重。然而，他想娶母亲为妻，却遭遇了信任危机。母亲那被冤枉的出身——从来没有享富农的一天福，却要背上富农的名，在现在看来是个笑话，但于当时，就是千斤重担。

父亲本来决计再也不回让他伤心的老家。尽管要去到西北，乃至更荒凉的地方，他都情愿。但他的爱情需要被别人来批准。他想了很久，决计要和命运对着干了。他对那些面目模糊的领导说，我要回山西种地，我要和我老婆结婚。

母亲跟我说，她去兰州探亲，父亲拉着她的手逢人便介绍，这是我爱人。母亲走，父亲在站台上张惶地找，车开走后，他一个人在站台上久久垂泪。

父亲的决心那么大，对一个家的渴望那么强烈，让我和母亲多少年来每每想起，都不能平静。

父亲在甘肃张掖，第一次喝到茶。西北人喝的是砖茶，褐色或是青黑色的一坨，坚硬结实得可以用来砸人，所以谓之“砖”。丝绸之路漫漫，千里大漠辽远，那嫩绿文雅的江南茶岭南茶在这里甚难生存流行。

砖茶仿佛旧时的压缩饼干。因为那时交通困难，黄河流域产茶也少，茶叶要从南方运来，经年累月地在路上颠簸，不能过于娇嫩。运到西北了，如果量少又不好贮藏，那么，茶叶更是无以为继。于是，茶叶经过蒸压，缩小了体积，为的是便于运送和存储。

父亲说，砖茶得用一个大铁锅来煮。先要煮沸了水，然后把敲碎了的茶扔进去。开始是大火煎煮，接着再用文火慢熬。茶汁充分浸出后变成深褐色，就可以喝了。条件好的会加些奶、酥油，困难时期就只搁点盐巴。

好喝么？

父亲笑着摇头。

据说这砖茶和晋商也联系密切。早在17世纪，砖茶在边境就名声远扬。晋商从江汉流域由骡马驮运砖茶北上，过黄河后再改用骆驼穿越沙漠抵达西域，砖茶由此还得到了另一个称号：边境茶。在逐水草而居的游牧民族眼中，商人携带而来的砖茶远胜于钱财，在内蒙古，砖茶甚至能够代替货币流通。爷爷不就是运送砖茶到呼和浩特的晋商么？

“我总是喝不惯的。人多，生活艰苦，火候不到，喝到嘴里总是觉得

恐怕那个时代过来的人都对饥饿深有体会吧？
胃的饥饿，身体的饥饿，思想的饥饿。

涩。”砖茶给父亲留下的印象，带来的怀想，只是苦。

我知道。就是在甘肃天水，大炼钢铁的父亲曾经饿得昏迷。渭河上的桥断了，粮食有两三天都没送到。他不惜力，汗出得淋漓。喝了一口热茶，就晕了过去。

恐怕那个时代过来的人都对饥饿深有体会吧？

胃的饥饿，身体的饥饿，思想的饥饿。

时间过去了这么久，父亲不再吃不上饱饭，但以往的生活却留下了后遗症——他再也不能被饿着。只要到了饭点儿，就必须着急忙慌地往家赶。如果来不及回家，那也得马上寻些干粮来充饥。我们出去爬山，吃饭都要先让父亲吃。

而砖茶，父亲再也不喝。我想，并非是茶不好喝吧，却是记忆里，乏善可陈。

3

后来到了四川那儿。人人都喝茶。夹江县木城镇，是著名的宣纸产地之一。在那里，毛峰、素茶都是寻常百姓的杯中客。

父亲来到这里，爱上了茶。蜀地潮湿，十天里八天阴雨。茶叶得了天势，养出精华。他和他天南海北来的同事们，正值盛年，年轻的妻子，嗷嗷待哺的儿女。尽管是在深山里默默无闻地工作，但平安的凡人生活，在乱世就是最知足感恩的事了。

父亲来到这里，爱上了茶。蜀地潮湿，十天里八天阴雨。茶叶得了天势，养出精华。

我还记得父亲的飞鸽自行车。二八的，有横梁。后座上坐着母亲，前面带着我。父亲仿佛全身都是劲儿，他飞快地骑着自行车，在石子路上，在大山坡上，高兴地往前蹬，最远的地方竟骑了25里山路。那个时候的他，在我的印象里，是才华横溢的。他不仅是研究同位素的技术人员，还吹得口琴、拉得二胡、字也写得好，还会好几国外语。

每当我向别人隆重介绍父亲时，母亲就说我，你就吹你爸爸吧。我笑。

也许，小孩子总是要在心里树立一个楷模，父亲应该就是我最早的楷模了。他经常出差，见多识广。他带回来的好吃的，向我昭示了大山外面有我从来不知道的世界。所以，他的酒，我跟着抿；他的茶，我偷着喝；他办公室里的抽屉，我也经常翻。那里面削得整整齐齐的绘图铅笔、大小不一的橡皮，还有图钉、订书针，都令我着迷。父亲的东西都是好东西，这是毫无疑问的。

还记得父亲的那个保温杯破了一个口，露出里面的水银，为了制止我把他的茶喝光，他吓唬我说，如果不小心喝了那个破的地方，就会把水银喝进去了，不出一个晚上，就会死。我听了这个话，受到了惊吓。一晚上数着自己的呼吸，根本不敢睡，就怕一闭上眼睛就真的死了。后来就落下个毛病，不能有人跟我提呼吸的事情，凡是有人说跟呼吸有关的话，我就躲开，怕陷入那个琢磨的怪圈，一呼，一吸，一口气倒不上来，就死了。这真是件可怕的事情。父亲肯定不知道，他的一句玩笑，给我的童年带来过多少阴影哟。

现在想想，我们都是幸福的人啊。人丁虽然稀少，一家只有三口，却因为彼此怜惜，让苍凉的岁月也温暖。

在四川，我们家唯一的亲人就是成都的闰舅舅。他是母亲的表哥，16岁时就来了四川，后来娶了四川的女子，就是我的舅妈。我也因此有三个哥哥，大杨哥哥，小杨哥哥，和宽宽哥。

父亲和闰舅舅好。每次出差，都要去他们家讨茶喝。舅妈待父亲很好，她手巧，做的菜香，一会儿工夫就三盘四盘地端上来。我听三个哥哥说，父亲也是他们小时候的偶像。在他们面前，我那个爹上知天文，下晓地理，滔滔不绝，口若悬河。院子里的小孩，只要听说父亲来了，都要搬个马扎去围拢了听故事。他去火车站等票，竟也有本事让旅客们聚到自己身旁。据说他吹牛的样子很能团结一批群众。

我曾经问过父亲，您那时候怎么那么能说啊？都说些什么啊？

父亲却不理我。

记得每次从成都回来，都有舅舅和舅妈给他带的茶。茶叶的包装很简陋，但却是巴山蜀水浸润出来的亲情。这个地方，尽管离籍贯上的家乡那么遥远，却实实在在地给予了一个孤苦的人以归宿。

4

我的开了一辈子车的闰舅舅，去世后葬在青城山。

前些日子，婷婷来北京办签证。她是大杨哥哥的孩子，我的侄女，今年24岁了。她考取了荷兰国立农学院的研究生，月底就要去念书了。她来看了我爸妈。父母在家族里的辈分大，所以婷婷要喊他们姑爷爷，姑奶奶。她带来了数码相机，那上面有舅妈卧床的照片。父亲一看，眼圈就红了。他起身离开，我知道父亲是去擦泪了。

我们离开四川以后，每逢哥哥们打电话，都说找姑父，母亲这个姑姑落不着几句话。1998年，离开四川12年后，我第一次回到成都，舅妈那时还没有偏瘫，但是脑血栓已经发作过几次，她完全不认识我了。那个数码相机里，有现在已经说不出话来的舅妈，也有另一个侄女怡怡的孩子，她叫妹妹，一岁半，睁着黑亮的眼睛，对周遭的一切充满企盼。

孩子生出来，老人就得老了。一代一代，生老病死。我跟父亲什么都不能说，搂着他，算是安慰。

有时候，我觉得自己和父母一起长大。他们青壮年时的事情，我都历历在目。那个时候，或许我只是个锯嘴的葫芦吧，有许许多多的话都说不出来。但说不出来不等于我不知道、不了解，所以，父亲无法掩饰的伤感，我深深懂得。是的，父亲，我们年轻的时光都在树叶缝隙间的闪闪亮片中缓缓凋落了。那些不知疲倦的好日子，那些初为人父、生活长卷刚刚展开的好日子，那些座上宾客高声谈笑的好日子，都已成了昨日。

山长水远，生命不可替代，唯愿舅妈大人在病中少些痛苦吧。

我也还记得父亲的同事们都喝茶。在加入奉献的大军之前，喝茶成了每个人耳熟能详的一把保护伞。我见过父亲的许多同事，他们把烧杯当做茶杯。有一段时间，还流行过红茶菌，很好喝，酸酸甜甜的，据说对身体也有好处。

而茶叶，到底能不能减轻射线的危害?

到如今，也没有谁出来考证一下。

翻开照相簿，我能看到，父亲40多岁的时候已经衰老了，那样貌比后来离开四川时还要憔悴。我更知道，在父亲那辈人中，英年早逝的人还是不少。我同学的父亲有去世在手术台上的，也有把孩子们都接到身边、安置成干部后撒手西去的。他们离去的时候，也就刚刚50岁。有一位叔叔，名字里还有“太平”，却在遭遇了一次事故之后丧失了劳动能力。他出事的时候才40多岁，后来手都抬不起来。

茶叶，并不能解除和减轻他们承受的一切。

我亲眼目睹，在那个大山沟里很多人付出了青春，甚至生命，他们就是那沉默的大多数。2004年我曾经悄悄回去看。我看见父亲的同事，两鬓苍苍地在那荒地上行走，我当众落泪。我的多愁善感令同行的长者窘迫。我只能对长者说抱歉，眼泪是因为太多的沉淀，和不为人知的来路。尽管我当年只是年幼的见证者，但我有记忆，一直心存纪念，永志不忘。

5

父亲现在不只喝绿茶了。

因为我的嗜好，各种茶叶都往家里搬，他也跟着我开始尝百草了。

有时候喝到好茶，他会像个孩子一样抓抓脑袋，稍稍惊诧地说，竟有这么好喝的茶叶？以前，爸爸都去干什么了？从来不曾知道？

信阳的茶与事

如果不是我的大学同学是信阳人，如果我不习茶，我不清楚自己什么时候才能知道中原有这样一个城市。我的知识，凡亲身经历了，方能真正消化，否则，后知后觉，或毫无知觉，完全是可能的。

那一年，我们要毕业了。未来、工作、电影和私人情感，都在乍暖还寒的春天变得慌乱。我被同学信任着，与他一起奔赴他的故乡。

信阳非常小。火车站是北京站的缩小版。出站以后，几乎没什么好路。这个城市人不多，下岗的却不少。我们去的时候，赶上雨季，几乎天天都在下雨。出租车很少，人力三轮在街上空跑着，即使很难走的路，很远的道儿，都只要2元钱。

我曾经冒雨进城买东西，回来时赶上大雨。那人力车夫尽管穿着雨衣，后背还是被淋得透湿。回到住所，他还是只要2元钱，我不忍，欲多给他1元，他却不要，执拗地消失在大雨里。和后来很多调侃置疑河南人的说法不同，我看到同为中原人，他不接受我的恻隐，遵从自己的本分。那份自尊让我至今难忘。

信阳古时属于淮南地区，旧称“义阳”，我常在当地人的方言中听到“义阳”的字眼，说的就是这里。早在唐代，信阳毛尖已经是重要的贡茶，苏东坡也曾夸赞“淮南茶信阳第一”。

而1997年，我不懂得喝茶，茶尚不在我关心之列。大家在拍摄结束后都去买了茶，唯独我没有。

我是这部影片的副导演。所有的非职业演员，都由我来筛选。

当铁路上的青工们在我面前坐成一排的时候，我抛开同龄、女性这些障碍，和他们交谈，悄悄审视。我看见影片里小波的原形，他羞涩，却又老到，比别人多了一副眼镜。

是的，就是他。我们的影片开始拍摄。

我们住在铁道边的一个招待所里。那房子完全是建国初期的样子，家具破旧，墙皮剥落。我和另外一个女生住在一起，轮换着去水房洗澡。那个水房，窗户非常高，水汽和窗外的寒气碰撞着，让人的记忆里不可名状地添了些潮湿的感觉。夜深人静的时候，能听到火车隆隆的声音。每天天还黑着，我们就起床，招待所食堂的师傅们已经做好了饭，馒头比米饭多，每一个菜里都有蒜苗。一个月的时间，我在那里惰性地生存，放任自己不去想象未来的迷茫。

还记得小波带我去铁道边。他把一个酒瓶盖放在铁轨上。火车经过，每一个车轮都碾过那个瓶盖，最后一节车厢消失的时候，他兴冲冲地去捡那个亮晶晶的铁片。他手很巧，三窝两窝就能做一个图案出来。他送给我，说可以当项链的坠儿。

我们还在青工小冯的家里取景。我看到信阳这个国家重要的交通枢纽城市里，最普通的铁路职工的家，真的是家徒四壁。小冯有妹妹，花一样的年龄，还在拣哥哥穿小了的衣服。

同学在拍他考学三年而不辍的真实经历，只不过，主人公迷恋上的不是电影，而是飞机。那个喜欢航模的男孩子，忧郁自闭，却又坚持不懈。他不愿意顶替父亲铁道工的工作，他想离开他本属于的那个灰暗的生活。

我们跟随他来到这片灰暗里。这里的生活不会因为时间的飞速流转而有大的变迁。小城，春雨连绵，待业的男孩子们骑着自行车，穿越铁道。夜行货车经过时，如果你恰好在道边，会感受到什么是排山倒海，什么是一望无边。货车高大威猛，总像是开不完一样，你站在那里，需要极大的耐心，等待，等待。一个人沿着铁道走，你会看见在车皮上画着的情爱，那是他们隐秘的青春期。

如果同学不坚持，他也会在他们当中。他们当中不乏天资聪慧的青年，但命运总会丢下一些人，选择另一些人。

我们亲历四年前同学的生活环境。近距离的回望令他寡言少语。我曾经和他对坐在一个倾盆的雨夜里，感受到语言乏力的时候，需要影像来抒写的必要。

我看到他们修车时满手的机油，枯燥的劳动带来时光的静止；我也看到茶缸里的水垢，那是父子几代人生活在道边的印记；我还看到夜里铁路上的指示灯，红色闪耀，蓝色幽明，黄色暧昧，雪亮的铁轨让人对荒凉的存在触目惊心。他们都在喝信阳毛尖。他们在这方水土悄无声息地前赴后继。

小城，春雨连绵，待业的男孩子们骑着自行车，穿越铁道。

三年以后，我在马连道喝到这个茶。众多的闽南茶商中，我一眼就能认出信阳人。他们沉默，羞涩，不会招揽顾客。但若你坐下，停留，他们便殷勤地为你斟上好茶。他们小心翼翼地察言观色，笨嘴笨舌地推销，而那茶，却真的好。它的汤色没有西湖龙井清亮，样貌没有君山银针挺拔，第一泡水下去，汤便显浑浊，水面上还浮了茶的绒毛。然而你喝，它却有板栗的香甜，入口熨帖而温暖。它位居中国十大名茶之列，而价格却喊得最低。是了，因境而生亲切之心，这浓浓的栗子香，让我如见黄天厚土里的百姓。

他们面容坚韧，孤独地度过残酷的青春，为跳出龙门的幸运儿提供生生死死的蓝本。

我悄悄啜饮，默默记存，但愿写照。

生死场里开石花

蒙山的佳茗，悄悄地在故里芬芳着，寂寞着。

我第一次看见自己的名字刻在墓碑上，是在蒙顶山。

那是老人的墓碑，我是隔着几代人的后辈。后代给老人立碑，也是要留名的。

这位老人我并不认识。因为那是爱人的长辈，我被刻在了那里。

我的少年时代是在四川度过的。我曾经以为我了解四川人，包容他们如同包容自己的老乡，认同他们仿佛认同自己命运的根。

离开四川后，我听到四川人的口音就觉得亲切。在火车上，但凡耳朵里飘过那熟悉的抑扬顿挫，眼睛里就要悄悄泛起笑意。上了大学，我想加入四川同学会，但因为一口蹩脚的四川话而被拒绝。我对四川人，似乎有种无原则的巴结。忠诚地跟在人家身后，偶尔被斥责也毫无怨言。梦想里，觉得，也许嫁个四川人，会是好的。

2001年，我去到了蒙顶山下的城市。这个城市和我的生活相关。我进入了另一个家族，带着笑，带着腼腆，带着隔膜。

他们簇拥了来看我，拣择了最好听的话当面讲给我。女人们都有强烈

的表演欲，讲故事的时候必大声，必站在人前，手舞足蹈，七嘴八舌，我有时候听得要笑出眼泪，有时候会忍不住恻隐心疼。而她们，只是说说，脸上的泪痕还未干，就已经开演谐剧了。情绪中间没有过渡，悲喜的转换只在刹那。在她们面前，我突然闪现出北方人的木讷来。我是看客，是沉默的旁观者，无法融入，只有注目。

他们带我去了茶园。令我惊讶的是，这里的甘露、黄芽、青山绿水和剑南石花，在《茶经》里全部是贡茶，在史书中，诗行间，它们全部有典可查。这里属于茶马古道的一部分，是解放前西康省的省会，进藏入康的必经之地。甘露是宋代甘露禅师种的禅茶，黄芽是中国黄茶的代表之一，青山绿水是绿茶里最美的观赏茶，而剑南石花，不仅是唐代最好的贡茶，

琴里知闻唯渌水，茶中故旧是蒙山。

还是维系川藏、汉藏政治和经济的纽带。而这些茶，在全国的茶叶市场上，默默无闻。

我登上了蒙顶山，看到漫山遍野的茶园，亲见西蜀漏天下的云蒸霞蔚，让茶叶得以滋润生长；我也曾徜徉在来自四川美院的艺术家设计的与众不同的茶叶博览馆；寻访到茶祖药农吴理真在蒙顶山上开创世界人工种茶之先河的印迹；还听闻见晚唐时期世界上第一个政教合一的茶叶加工厂——蒙山智矩寺的晨钟暮鼓……

蒙山茶艺龙行十八式、风行十二品，甘露禅师与《蒙山施食仪》，佛教《虔诚献香花》赞子中的记载，供佛茶当推蒙顶黄芽，这些都是蒙山人烂熟于心的家珍。在茶叶最兴盛的时期，它们曾是皇家点名的贡品，也是诗人们笔下赞不绝口的对象，白居易就叹说：“琴里知闻唯渌水，茶中故旧是蒙山”，刘禹锡也吟唱：“饮囊酒翁纷纷是，谁尝蒙山紫笋香”。但如今平常人喝茶，名茶必人人龙井碧螺，普通些便是茉莉花茶。去茶店放眼望去，满目皆是闽南、广东、台湾的乌龙茶，这些年又流行云南的普洱。

唯有蒙山的佳茗，悄悄地在故里芬芳着，寂寞着。

四川人能吃苦，但不见得会做生意。茶商里的川音更是稀声。

蒙山人却不以为意，他们对曾经的辉煌，虽然谈论，但却淡泊。山脚下的人们，依山傍水，最好的茶，自己种，自己贱卖，自己喝。沿着青衣江畔，到处都是露天的茶桌，两三块钱一杯明前的甘露，山色清风，尽揽怀抱。

沿着青衣江畔，到处都是露天的茶桌，两三块钱一杯明前的甘露，山色清风，尽揽怀抱。

我的同学来这里度假，看满城的人在江边喝茶，入夜，岸边有超大型的集体舞，感叹说，我们在大都市里终日劳碌，却不知道小城里的人这般逍遥。

是了。没有大的心，没有野的心，就是可以在这里休养生息，逍遥度日。

他们万事都新鲜，什么时候都兴致勃勃。正月十五，小城放烟花，全城的百姓都出动，青衣江两旁，满满站的都是人。每一次烟花绽放，全城的人都步调一致地欢呼：哦！

他们以自己为中心，仿佛不知有汉，更无论魏晋——舅舅说，除却北京和上海，也就数我们这里好了罢！舅妈说，小城搞建设，那状貌简直就是战后伊拉克。三姑爹说，你知道吗，草坝就是小城的乌克兰。同是粮仓，小城自比前苏联。

他们不需要被流传，他们敝帚自珍，快乐旷达，在自己的生死场里热闹往来，悄然度过岁月的长河。

他们不忌生死。给故去的人上坟，要放鞭炮，姐姐跟爷爷的“邻居”还开玩笑，让他们搞好关系，跟爷爷不要红脸，给他们也烧纸钱，送足钱让他们打麻将。四孃在老人的坟前对我们说，我们现在给老人上坟，以后你们给我上坟，我们家，一代代就这样传下来。我刚刚有泪，又被他们的谈笑风生消解。

在小城，挣钱的人打麻将，输给下岗的人，有工作抑或没工作都因此收支平衡。

前些年有个老外到小城拍戏，喜欢上这里，就买了房子住下来。每次他骑车在街上，都有很多人跟他打招呼，嗨，麦克！

有退休的人不服老，组织了骑游会，全部是超过60岁的人，要骑自行车去西藏，小城的人扶老携幼地来送，那场面仿佛大家都是近亲，有摆不完的龙门阵、八不完的卦。

还有一位老中医，在离小城不远的碧峰峡辟谷80天，粒米未进。小城的人总不信，每天都有人坐了车子专程去看老中医，他们呼朋引伴，要见证老中医是否健在……

这是一群热闹生死的人，喜怒哀乐都被爱吃海椒的天性加强放大。他们表达起情感来，是要用川江的号子嘶喊才能抒发，而能够中和这些跌宕情愫的，是苦茶。

他们对待朋友，全是最热忱的心，茶根自己留着，送给你一定是最贵的石花。剑南石花，微苦，回甘，有青竹香。在家里，没有人舍得喝这个。但若是要送人，一定送这最好的。

我看他们，有时喜爱，有时叹息，有时羡其自在，有时又哀其混沌……

而我不在这个生活里，终究是隔岸观火。现在，我不敢说自己了解四川人了，我只能说，这仅仅是我的印象。

芝兰生于深谷，不以无人而不芳。蒙山的人们，你可以不知道他们，也可以不知道他们的茶，他们不需要被流传，他们敝帚自珍，快乐旷达，在自己的生死场里热闹往来，悄然度过岁月的长河。

喀什噶尔的红茶

在这里，有张骞进驻的疏勒，有著名的英吉沙小刀的原产地。起步于此，漂泊的李白向大唐山水进发；止步于此，喀什噶尔的女儿香妃回归故乡长眠。

2006年是我的边疆年。先是去了云南，走了20天，去了十几个地市。然后，悄悄去到新疆。飞机经过将近4个小时的飞行，降落在乌鲁木齐的机场。我乘坐的这架飞机，刚起飞的时候，是突然直升上空的，与平时爬缓坡不同，五脏六腑骤然被颠覆。

我还来不及恐慌，先被晕眩打败。

这时，我看见邻座的两位维吾尔青年，正在继续他们的祷告。他们把头靠在前排的椅背上，然后念经文，然后翻掌。飞行的颠簸没有影响他们，那虔诚的功课让我的四顾显得可笑起来。

在新疆朋友达尼亚的陪伴下，我们在乌鲁木齐的一家饭店吃晚饭。在这里，汉人成了少数，到处都是金发碧眼的少数民族兄弟。饭桌旁边就是歌舞场，每一个上场的歌者都令我惊讶，他们恣意、狂放而热情。在他们的召唤下，正在吃饭的人们纷纷放下筷箸，闻歌起舞。

这时伙计送来了茶，茶是被放在一个铝制的小茶壶里面的，碗，就是茶杯了。茶倒出来，有一种奇异的香，不仅闻得见，含在口里也香满唇齿。问当地人，说是红茶。

一顿饭，因为载歌载舞，整个晚上被消磨掉。

在新疆，天亮得早、黑得晚，漫长的白昼并未带来加速运转的生活节奏，相反，在这里，人们慵懒而闲适。

复杂的感受自踏上喀什的土地开始汹涌。2003年的冬天，巴楚大地震，震中离喀什不远。因为创作需要，时隔三年，我们一行六人去采访当时的噩梦。飞机再次起飞后，我俯瞰这片辽阔而荒凉的土地，看到了祖国的西域。只要我们再往西，就是印度、巴基斯坦、吉尔吉斯斯坦、阿富

汗、乌兹别克斯坦、塔吉克斯坦。在这里，有张骞进驻的疏勒，有著名的英吉沙小刀的原产地。起步于此，漂泊的李白向大唐山水进发；止步于此，喀什噶尔的女儿香妃回归故乡长眠。

在喀什，有新疆地区最大的毛主席像。当我路过那里时，看见许多鸽子自伟人伸出的臂膀上振翅，而那个像的下面，工作人员睡得东倒西歪。

在喀什，有新疆地区最大的清真寺——艾提尕尔清真寺。那清真寺外面是个广场，广场上的穆斯林三五成群，每一个伫立的人都如同雕像。女人们无一例外地蒙着头巾，露出美丽而深邃的眼。

在清真寺，没有神像，一天要做五次礼拜。女性不可以进寺。有水的地方，男人们进寺要洗脚。干旱的地方，用沙砾洗脚。五次礼拜，有时间规定，如果恰巧此刻不能前往寺中，那么，在任何一处，铺上小地毯，甚或麻布，甚或白纸，朝向麦加的地方，就可以开始祷告。去往巴楚的路上，那周边遍是戈壁荒原，我们亲见一位行走中的穆斯林就地祷告。广袤的大地上，一个人的祷告，让我肃穆起敬。他遵守信仰的姿态让我想到飞机上的那两个青年，因为有对真主不动摇的爱，他们在祷告时表现出了心无旁骛的圣洁。

在喀什，还有新疆地区最大的集市——东巴扎。一个缀满珍珠的手工背包，这里只要20元。在内地，我看见有人喊价300元。很多华美的来自土耳其、巴基斯坦的织布和丝巾，由于贱卖，令人心疼那低廉的手工。

我们远离了手工业时代，所用的一切都是批量生产的产物，偶然在边陲目睹手工业者的拙朴、匠心和辛劳，不由得要心生钦赞。

在喀什，小手工业者的街巷被保留，铁匠、木匠、做馕的、雕花的、做铜器的、卖沙丽和披肩的……他们的劳作令人眼花缭乱。我们远离了手工业时代，所用的一切都是批量生产的产物，偶然在边陲目睹手工业者的拙朴、匠心和辛劳，不由得要心生钦赞。

在喀什，看一部电影，包括来自香港的胶片，只要5元钱。影院冷清，没有观众，电影院的放映员因为我们的到来高兴极了。

在喀什，羊肉串的一块肉可以做成内地的一串肉，满街都飘着烟，弥漫着香。美丽的维吾尔族少女和少年们，每一个都令我们惊艳自卑。而他们却平淡，似乎不知道自己的美，或者已经对自己的美习以为常。他们喜欢我的相机，不经招呼就摆出造型，只为看看镜头里的笑脸。我在这里吃到了馕。知道他们如果去远方，会带一袋子馕，可以热了吃，泡在牛奶里吃，冷了也觉得香。最后总要留一个，带回家。维族人说，有馕就能回到故乡。

在喀什，我看见他们的葬礼，暴烈的日头下，那个血性的男孩，不到

他们却平淡，似乎不知道自己的美，或者已经对自己的美习以为常。

维族人说，有馕就能回到故乡。

20岁，因为斗殴被杀。他的亲属们进了清真寺礼请阿訇念经。男孩身上覆盖了印有《古兰经》的毯子。他们不过夜，死后当天就要埋葬。行葬礼时不哭，孤独死仿佛孤独生。

在喀什，我再次喝到了红茶，这红茶因为加了姜、桂皮、胡椒这些细末香料而变得醇香温厚，她仿佛寂寞西域里的神秘舞娘，在大快朵颐的粗犷吃食外，给人些微肠胃的安慰。

还是在喀什，达尼亚的朋友弹起了都它尔。无论他唱什么，讴歌爱情抑或诉说思念，那悠长的曲调都令我们想流泪。好像看见了那荒原上苍凉的背影在一遍遍地祈福祝祷，好像这人间的声音，都是那么地让人悲伤，让人牵肠挂肚。

你看，2003年的地震，造就了达西木书记，造就了这里那么多的英雄。然而，当新闻变成了故事，英雄们独自尝尽落寞。巴图尔·如苏力，卫生院的院长，地震发生时，他在给病人看病；他的妻子，妇产科的大夫，在给一个即将做母亲的妇女接生。就在那么一瞬间，为了挡住坍塌的梁木，巴图尔的妻子被砸成高位截瘫。2004年后，没有人再来采访。英雄们宽厚而坚韧，担起了荣誉之外的巨大伤痛。这伤痛曾经带来关怀，但于个人的生命中，将持续一生。

你看，为了保证繁华都市的水电供应，很多如喀什一样的城市在忍受着水电匮乏的困境。巴楚没有一家像样的旅馆，定时供应水，是这里的惯见风景。路边的小饭店，你会发现洗手的装置很巧妙，上面是水管，水池下面有水桶。洗过手的水，被用来洗其他的杂物。还有普通的村民，家里除了挂毯齐整美丽得不相衬外，竟然真的是空空如也，小女孩脚上穿着的是40码的大拖鞋，即便是这样的拖鞋，也已经破旧不堪。

还有，在喀什去往巴楚的路上，我们看到了兵团的后代，他们已经不再拥有城市的印记，脸膛黝黑，手掌粗糙。他们开着拖拉机，在明晃晃的太阳地里耕种。我不知道他们的父辈来自哪里，但我身边太多兵团后代的故事，让我看着这些背影感慨万千。

喀什噶尔的红茶，因为遥远，让人萌生珍爱；因为味道复杂，让人觉出语言的苍白；因为异香，让人频频回顾时不忍遗忘。

我们驱车，起飞，停留，注目，然后默默离开。

回到北京，我不敢多用一滴水，因为我见过了干旱；回到北京，这里起了漫天遍野的沙尘，我不能不怀想终年在沙尘里祷告的兄弟。

就这样，想念生根。

一个人的思念

这茶，已经超越了茶香，被赋予了纪念的含义。也因为这无处可说却又无人不解的纪念，而弥足珍贵。

北京的茶城原有两处，北边在马甸，南边是马连道。后来马甸的茶城很快衰落了，那里面的商家搬去了更北处的小关。在小关，茶城规模很小，与卖古玩字画的各据一方。知道这里的人不多，而且小关茶城的价钱喊得高些，管理也显得乱些，一个下午在这里淘东西，偶有斩获，却终究挥不去那份冷清。

就是在这里，我第一次看到六安瓜片。

我开始喝茶后，茶的世界突然涌现。那些面目各异、口味千秋的佳品令我目不暇接。

绿茶、乌龙、普洱……每一样都需要学习，品味。

我没有买那茶。中国的好茶太多，我学修的生涯却太浅。若能停留，即是因缘。

六安瓜片是安徽的茶，最早的产地在齐云山。我曾经无比接近那个地方，但因为当时在赶路，没有时间去。我同行的朋友早年是修道的，他告诉我，齐云山是四大道教圣地之一，和四川的青城山、湖北的武当山、江西的龙虎山齐名。我们要去的是西递，安徽最著名的古村落之一。只有一天往返的时间，齐云山贯穿了我们那一天的整个行程。它很美，近在咫尺，却云山雾罩，蒸腾的烟霞让人遐思。神仙就在山里，我却只能遥望。

六安瓜片，在曹雪芹的《红楼梦》中，是被多次提及的名茶。那个嗜茶而以茶立命的孤僻女子妙玉，悄悄地爱着这茶。红学家们都说，她也是暗中喜欢宝玉的一个。旁人都无法消受她的乖张，唯独宝玉敬爱她。我看到妙玉在栊翠庵里，心思机密地给贾老太太上老君眉，而没有奉老者不喜的六安茶。贾母为什么不喜欢六安茶，书中并无交代，但妙玉难得的曲意承欢却在此令人惊讶；也是在这栊翠庵，她单单死瞧不上“母蝗虫”（林黛玉语）刘姥姥，甚至于刘姥姥用过的茶具都厌弃，恨不能砸掉；看到她左手拉着宝钗，右手牵着黛玉，到了内室，专心煮茶来奉知己。说是知己，却又言语犀利，令愿意体己的女子坐立不安。她的确是爱茶之人，懂得用雪水，用玉器，用严苛的方法，所以那茶，必定是好喝的。但我看曹翁写了那么多，却始终为这女子慨叹！爱茶，却并不一定懂茶。茶，若在眼里安了梁木，心中放了高下，那茶，到底只有味道，而失了魂魄。

在栊翠庵品茶，看到的竟然是拣择，而非恻隐。那么，修道的人，也便是空顶了出尘的纶巾，辗转的却是一颗爱别离的痴心。妙玉，并不是修道的尼姑，却是穿着道袍的女子。她的自恃，也是她的囹圄。是看书的人要生出别样的同情来，才能读懂的。

她对他，是思念的。这思念无可

她的自恃，也是她的囹圄。是看书的人要生出别样的同情来，才能读懂的。

厚非，值得尊重，但却显出一个“小”字。这小，非卑小，而是狭小。卑小，是懂得造物之下，要善存可贵的谦卑之心；而狭小，却因为自爱太深，而只见自己，不怜他人。

六安瓜片，在安徽茶人的诉说里，还有一个典故，周恩来总理在去世之前遍寻这茶。1975年的秋天，距离这位老人与我们诀别，只有短短的四个月。那个时代，他紧蹙了眉头，紧咬了牙关，独自扛受着国家的苦难和身体的痛楚。在一个午后时分，他对卫士长说，我，想喝六安瓜片。

谁都知道，他很少麻烦别人，很少提出满足自己的要求。他的那一颗心，多年来装下了所有黎民。但这一天，他却要这茶喝。

卫士长到处找，费尽周折，才讨得一包。

他给总理泡了一杯。

老人捧着热茶，默默地喝着，独自坐到日影西斜。

六安瓜片，在周恩来年轻的时候，是叶挺第一次送给他喝。叶挺去了安徽，在那里发展工作。那时，他们都英俊，有热情的理想，有坚定的信仰，他们并肩在南昌，遥相呼应在抗战。皖南事变发生后，他为叶挺和叶挺率领的部队，写下了一腔悲愤：“千古奇冤，江南一叶；同室操戈，相煎何急？”1946年4月8日，被关押了五年之久的叶挺和同行16人，其中包括他的爱妻李秀文、女儿扬眉、儿子阿九乘坐专机回延安，途中遇难，机上人员无一幸免。一向善于控制和埋藏自己情感的周恩来在重庆的追悼会上，数度痛哭失声。三十年过去了，老人在那风云变幻的岁月里，在那样一个令人感喟的人生的黄昏，寻到了这茶，经由这慢品细尝，聊寄刻骨的思念和无人能分担的怀想。

我曾经来到安徽宣城。宣城有泾县，泾县有我当年考学时候认识的兄弟，他叫周怀沙。长我几岁，字好，诗文佳，骨格风流。我们皆落榜。他鼓励我说，你一定要坚持。而他自己却放弃了北上考学，工作了。周怀沙给我来过唯一的一封信，说皖南风光，可来一游！我不认识更多的人，没有去过的地方太多，面对他的邀请，我虽然向往，却知道成行艰难。

七年之后，我来到泾县，看到了宣纸的故乡，山水如黛色，也惊讶地看到，这里竟然矗立着皖南事变纪念馆。我看到叶挺和他妻子的照片。那女子，秀美而优雅，眉目之间尽传深情。我看到他们旷古的爱情。她为他，生育了九个儿女。在他坐牢的时候，奔赴了来，说受苦在一起，死，也要在一起。于是，真的，他们就在一起了。遇难时，他50岁，她，只有40岁。

而叶挺，这个被称做铁将军的硬汉，深爱着六安瓜片。他被派了来，在皖西工作。在那里，他有战友名叫许继慎，六安人，在汀泗桥、贺胜桥之战中出生入死，后来死于张国焘的肃反冤案中。叶挺因为许继慎的相赠，喝到了六安瓜片，许继慎死后，他每每泡着清茶，自诉“清夜追怀，常为雪涕”！！

多年以后，他的扼腕知己，也在弥留之际，悄悄泡了这茶，悄悄地为了他，而思念，而祭奠，而无语暗哑！

此时，这茶，已经超越了茶香，被赋予了纪念的含义。也因为这无处可说却又无人不解的纪念，而弥足珍贵。在我心里，他们都是菩萨，都是奋力的金刚，有大智，亦有大勇。因为他们的担当和牺牲，才有须沉默致敬的历史。

今年夏天，酷热来得凶猛。我跑到熟稔的店家，却不再想要铁观音。我要喝六安瓜片，我对她说。她给我称了来。回家小心翼翼地打开茶包，一泡水下去，那去除了芽和梗，只留叶片的茶，未泡之前色泽幽绿，状似瓜子，冲泡之后，活色生香。入口后，茶汤香甜回甘，久泡后余香不绝。六安的瓜片，摘自谷雨和立夏之间，不用机械，全部靠人工采摘。在烘制的过程中，茶农要耐心，要有手艺，要付出辛劳和汗水，连续翻烘81次，直至叶片绿中带霜。宋代梅尧臣《茗赋》曾言：“当此时也，女废蚕织，男废农耕，夜不得息，昼不得停。”而这历经劳作和培育的佳茗，产量却非常有限。

论名论量论价格，六安瓜片都不列前，甚至，若不寻访，也容易失之交臂。而这好茶，就那么静静地等待着我们的成长，成长到可以与他见面，才肯告诉你关于思念，关于芳香，关于坚忍宽厚的故事……

沉茶的疼痛

有一些知己，相遇，只是为了错肩。微笑，却只能告别：再见，再见。

我很少为求不得苦忧伤。

如果想望的终究不能实现，不如深锁院门，脸上冰霜。

看那些草长莺飞的痴言痴语，脑海里总会浮出情深不寿的古训。为谁就值得那么痴，那么狂呢？

也曾经遇到过动心的人，在他全心全意对你的时候，你看见了他在刹那里的钟爱。但就是一转身，他流露的不耐烦，和他对那差一些的茶的大声呵斥，让你远离。如果因为喜欢，才捧出冰心，那么，不耐烦的时候，这冷脸可怎么应对？

欢声泪痕，若只为私心喜爱的起伏，而并非广大悲心，那么这喜爱，我不能要。

喜厌在这世间里最不可靠，昨日里厌见的今天相见欢，百日的夫妻一日恩都消散的，也不是没有的事。

我并不想见识小儿女的私情，我要的是真敦厚，真伤悲，真性情。

所以，等待。所以，风干。所以要经历烈火的烘焙，所以要经过长路的颠簸。

几乎成了那盈盈绿意的标本，摆在冷清的角落。

欢声泪痕，若只为私心喜爱的起伏，而并非广大悲心，那么这喜爱，我不能要。

如果没有碰到知音，成为陈茶后，恐怕会被失望的卖家倒掉吧。一年里，新茶就度过了她的一生。一年的时光如果都没有人来问津，是不是真的就要被倒掉了呢？而这样被损耗的陈茶，在芸芸茶叶中又有多少呢？

如果有人来试探，来逗留，那也未必是你的知音。他们只是过客。只是在浪费你的时间。也碰到懂你的人来坐。可是在遇到你时，他已经买好了其他的茶，那也为他所爱。他的惊讶，和他的遗憾，都在他品茶的一瞬间暴露无遗。他的负担已重，而你，恨不相逢未嫁时。你和他，只能穿越众生喧哗，遥遥点头，无声无息。

月华摇落，山风凉薄。幻想我们曾一起穿过荒原，在天亮时分却发现前路仍漫漫。有一些知己，相遇，只是为了错肩。微笑，却只能告别：再见，再见。

哦。陈茶，或者应该唤做沉茶了——在冰冷而广阔的海洋里，就此沉没，就此沉默。

而如果，真的有那么一位懵懂的人，竟来至你的面前。他毫无机心，毫无经验，但却为你而驻足了，他只在啜饮的当下就知道你了。

你看，就是这样。几乎，绿色都要凋谢，肢体都要僵硬，仅仅就是他的回眸，你就被解救了。滚烫的水浇铸，你的春天被唤醒。沸腾着的，是他的定睛，和你被灼痛的身体。他们却说这是温润泡，却不知道温润是人们的定义，而舒展的叶片如同美人鱼起舞的双足，那疼痛和甜蜜，在静默中惊天动地地发生。

你听过女子在荷塘边弹奏《十面埋伏》吗？那绕指柔破空嘶声。那里面没有眼泪，只有鲜血。在第一泡的激荡中，你没有看见她的战争，那硝烟化作了你鼻尖的凛冽清香。茶尸被爱吻醒，她悠悠活转。你俯身了，她就成了嫩芽，怀揣山色风云，霞光雨露，纷纷吐纳在那渐渐深沉的水里。她是在报恩啊。而人们说恩爱，恩和爱竟是在一起的。

凡人夫妻，也只是这么些小小的愿望吧。

年轻时，我们看惯了庸常的幸福，没有人把这庸常放在眼里。轮到自己去实践，去经历，却都伤痕累累。那以为庸常的，却需要付出很多很多的心力，还要老天眷顾，时机合适，而你的初心还未更改，良人此时出现，一切恰到好处。

年岁渐长，我们才慢慢明白，即便是很小的愿望，也并非每个人都有福分来遂心如愿。功夫泡，火候，茶汤，饮茶的人，差一样，都是不如意事。那些被耽搁了的青春，更是有如陈茶，在生活的井底里沉没，沉默，偶有波澜，也泪湿无人见啊。

蜂蜜柚子茶

小蔓来我们家，放下一个漂亮的瓶子，殷殷告诉我，是蜂蜜柚子茶。从里面舀两勺出来，用开水泡，然后冰镇了再打开来饮用，口感会十分惊艳。

认识小蔓有十年了。最早她并不是我的朋友，我和她的男友相熟，然后结识她。男孩子是个豪爽旷达的人，在朋友圈里颇有向心力。记得那时我们都刚刚参加工作，对大学时的集体生活还非常留恋，大家终日扎堆，一呼而天下应。一群人里，只有他俩是少小无猜，青梅竹马，我们个个跑单帮，无依无靠。一到周末，他们租的房子就是我们的据点，聚会的时候是小蔓最美丽最贤淑的时刻。她系着围裙，煎炒烹炸。许多只有在菜谱上才能见到的佳肴，于她修长的手中，变得轻易寻常。七八个男孩子每每埋了头，挥汗捧场。那场景至今想来，恍若昨日。

他们都喊小蔓嫂子。我几乎也这样认定。

如果青梅竹马能够相见不恨早，那么我们共同的青春记忆该是多

么完美。

还记得她生病。他给我电话，说要出差，问可不可以去看望她。

我便去。那在沉疴里昏睡的小蔓，毫无气力照顾自己。我打开冰箱，有他早上买的菜。我有时间，愿意帮她。我给小蔓做饭，但洗菜叶的时候却讶异，那粗心的男孩，从哪里能挑到这么烂的叶子？几乎没有一片没有虫洞！

我悄悄地叹息。看她挣扎了起来，勉力劳作。

他们分手，是她提出来的，但她为此却哭了很久。她像不得已离开了亲人，总还是担心和记挂。我只能倾听，却无法安慰。

小蔓是个情重的人。我只是帮过她那么一点点，她便记着。他们分手后，我反倒和男孩慢慢断了联系，她却常来看我。每次从老家回来，总要

带家乡的笋干、梅干菜和茶叶。坐下来说话，也总是时时处处想着你，为你考虑。

那一年，我出差最辛苦的日子，妈妈到北京来看我，我却不得不打点行李，奔赴他处。我回来的时候，妈妈告诉我，小蔓来过，本来是想找我，看我不在，就陪妈妈聊天，后来又请妈妈吃饭。妈妈对小蔓印象特别好，说她眼里有老人，知礼而和顺。

我很惊讶，也很感动。

小蔓毕业以后苦干了多年，倾囊而出给自己的父母在家乡盖了楼。我知道白手起家的辛劳，也懂得体恤父母的心。我看着小蔓的付出，心里对她更多一分亲爱。

然而她总是在感情上伤痕累累。她后来遇到的朋友，不愿意步入婚姻。她想用她的热焐暖那颗冷漠的心，而终究未果。我们曾在一起吃饭。她问他，可不可以结婚？她的神情令我心碎。优秀而骄傲的女孩，为了一句承诺，深深浅浅地试探和追问，而那恐婚的男子却关闭了这心门，死不吐口。

有时候我看着他们，恨铁不成钢；有时候，却鄙视。

他不吐口，对小蔓是伤害；对爱小蔓的我，更是。

我不知道，是不是每一个人，都应该找到感情的归宿；也不知道，是不是每一个人，都应该在反复的经历当中觉悟。觉悟，对需要它的人来说，是化痛苦为醍醐的珍宝，但对于迟迟还没有发现它的必要的人来说，是奢谈。

他们也分开了。像夫妻一样共同建设过的家，合影换成了独照，牙刷减成了一根，镜子里只看见你隐藏忧郁的眼神，不再有男主人的憨朴寒暄，一切又从零开始。我目睹你的负累，所以悲悯这一切重复。

如果你哭，就狠狠地哭吧；如果生病，我会赶来，握你的手；如果你开口问，我一定尝试着告诉你你所不知道的真相。

我喝到了蜂蜜柚子茶，柚子的皮和汁液，蜂蜜的浓稠。初尝苦涩，继而清凉甜蜜。这是水果茶，是消暑安心的绝佳饮品，因为是小蔓的心意，让我珍惜，那茶的滋味，更含藏了我的心意。美丽的女孩子，一切都会好起来的，如同你的茶，虽苦犹香，如同你未来将来的人生，苦尽甘来。

觉悟，对需要它的人来说，是化痛苦为醍醐的珍宝，但对于迟迟还没有发现它的必要的人来说，是奢谈。

迟到的玉蝴蝶

一共一千张。也是一千个日日夜夜。多一天，我都不等。

小艾走了。给我留下的唯一礼物就是她的日记。

其实，她不知道，她写的日记，我早就看过。

那本日记里，夹着一片玉蝴蝶。

洁白的花，被密密麻麻、断断续续的字压成了扁平的标本。花芯仍然有淡黄色的枝桠，她仿佛沉睡了的小公主，安静，没有怨言。

小艾的美目

很少有人能注意到小艾的美目，那晶莹、艳丽的美目，因为她有很长的刘海。

她成心遮蔽了自己最美的地方。

小艾和人相处的时候，特别随和，做听众的时候居多，而若轮到她发言，你会发现她其实很健谈，对很多问题都有自己的见地。当她表达时，你会联想起藏在袋子里的宝剑，那锐利的寒光虽被故意掩藏，但偶一显露，便光彩照人。当人留意时，她便常常用了幽默、鲁莽和无机心的说笑消解掉人们对她的注目。

她似乎一边拿着粉笔，一边拿着板擦，让你看见她好，又在不经意间自己抹杀掉那好。

小艾是什么样的女孩子？

在她嘴里，很少能听见她的家，父母、哥哥，还有一些亲戚。你听不出她和他们的亲疏远近，所有的亲眷都只是淡淡的影子。

她是上海姑娘，却生长在新疆。在新疆，曾经有多少上海人去支援？去垦荒？兵团的小孩儿籍贯写着大上海，而脸孔却都粗糙皲裂。

据说后来每一户城市来的人家都有一个户口回迁的机会给子女。小艾家的那个给了哥哥。小艾没有意见。在喜爱男孩子的奶奶面前，繁华的故乡是陌路。

她拼了命地去学习。如果不想在荒漠里度过一生，只有靠自己了。

小艾考了全自治区的文科第一名，去了籍贯上的故乡上大学。

然而，去了以后，她后悔了。

上海的楼太高，路太窄，灯太亮，夜晚太长。

小艾不出校园。因为只要她走出去，就会迷路。而奶奶的家，舅舅的家，还有叔叔的家，她都进不去。他们是她血脉上的亲人，但无论怎样，她和他们都不亲。小艾自尊，她不愿意有一点寄人篱下的经验。

她很小就开始读寄宿学校，珍藏的东西全部放在心里，随时迁徙。她几乎没有行李，携带的东西只有在夜深人静的时候冒出峥嵘，有时候是不休止的梦魇，有时候是无人慰藉的抽泣。

小艾的美丽和自卑，捆绑在一起，只有在不能控制的梦境里，她的骄傲才会崩溃。

淡蓝色的玉蝴蝶

就是在这里。小艾遇到了老师。

老师是三十多岁的男子。小艾入学报到的第一天，他刚刚完婚。他穿驼色的薄衫，笑容安闲澹泊，眼神里有不经意的关切；他写有一手漂亮的板书，说话声音不高，但因为有一种定力，他的课堂秩序井然。

小艾曾经在楼道里，俯身看见过他骑自行车的样子，微微一倾，他便斜身上马。

那个动作其实只发生了不到三秒，但在小艾的回想中，被无限拉长。

老师是学长。十年前的学报上经常有他的文章。

小艾在图书馆，查找出所有的这些文字，在学子们低头钻研的时候，她微醺般地摩挲着那些字。

她的爱，像中了毒。因为，她每天都会去看这些书。在没人注意的时候，她就会闭起眼睛，眼睫毛微微颤栗。

有一次她险些被老师撞见这一幕。

老师也来图书馆了。他向小艾走来。彼时小艾正沉醉，蓦地一睁眼，老师已近在身前。她慌乱得碰倒了身旁男孩的一摞书，书砸在她的学报上，发出了一连串闷响。

小艾惊慌失措地看向老师，窘迫得无路可逃。而老师却将手指放在嘴上，做了一个轻声的手势，便转身了。小艾当时对老师感激的笑，毋宁说是对命运感激的笑。

她见过他杯子里的那朵蝴蝶。枯干的花泡进杯子里，突然就醒了，那痛苦的僵翅一点一点复苏，最后在那滚热的水里，玉蝴蝶竟然活转过来，熠熠生辉，仿佛一惊动，就会飞走。

那时候她在发烧，脸红得让她不能自持，嗓子里有如着了火，面对着来看她的老师，她哑得一句话都不说出来。同学们坐了一屋，大家七嘴八舌，小艾和老师的对话要穿过茂密的丛林方能潜行。

老师告诉她，玉蝴蝶是他家乡的茶，是一味中药，可以清肺火、利咽喉，还有一个别名叫做千张纸。

为什么叫千张纸？小艾用她的美目问。

老师轻描淡写，情书写一千张，蝴蝶就能飞过沧海。

大家欢笑言谈的声浪淹过了他们的只言片语。

小艾开始写字了。她给他写的日记其实早已开始，只是她没有喝过玉蝴蝶，不知道千张纸。那茶汤呈淡淡的黄色，喝下去也是淡淡的苦滋味，因为淡，因为苦，几乎要被她错过。但是，这玉蝴蝶的绝美，就是他的苦口。她肺里的热被中和，她的爱悄悄疯长，每夜都和她的字来见面。而他们，却不能见面。如果见面，就会丢失，就会永远地失去。

小艾从来不去设想老师的家庭，别的女子，或者真实的人间烟火。那些与她的爱无关。

她的爱饱满、疼痛，充满神性。她只需默默地观看，沉醉和离开。她对于他的回应，知情或者其他什么可能性，从不奢望。

她写老师留的作业，每一篇都是她掷向他的情书。那炽烈的、呼喊的、喃喃的爱，都是人物的台词。她借了这个作业，火辣、大胆而风情万种。老师有时候会给她评语，会和她谈论谋篇布局的用心、发力，也会给她建议，深情要收敛着写，要在点睛的时候蓬勃。

他们仿佛两个精通剑术的高手，一个身怀绝技，一个后劲十足，在开口的时候，围绕武艺，一句无关的话都不提。

句句不提，句句风月。

她的文章几乎都得到了赞赏，抑或细心的眉批和修改的忠言。她细细地看，更加沉溺地爱。

但除此之外，他们彬彬有礼，不染尘埃。

小艾在四年的时间里，一直穿淡蓝色的衣裳，大衣，长裙，甚至头绳。他在文章里提过，那是他喜爱的颜色。如果，不能给他留下爱情，起码留下色彩吧。

真相早已暗度陈仓

小艾本可以留在上海，但她却放弃了。

毕业典礼后，和每一位师长都在草坡上合影。他身边走马灯似地换着女孩子，他喊了她，眼睛里全是温暖。在小艾奔向他的那一刻，美目都要疼出血来。

在那么多的人面前，她和老师像所有合影的师生，她挽着他，他搂着她，仿佛秘密被公之于天下，小艾恍惚地笑，却没有人以之为怪。

老师在小艾跳着离开的时候，甚至拍了拍她的肩膀。

小艾买到了去北京的车票，她将永远离开这座令她刻骨难忘的城市。她一直不敢打开毕业纪念册，因为那里面有老师的留言。

她一直不敢看。

不管老师对她说什么，都如罂粟，会散发出危险的甜蜜。

小艾害怕自己准备要离开的心承受不了。

她祈祷了很久，才睁开了眼睛。但当她看那致命的一页时，小艾呆住了。

那是一页空白。一个字都没有。

老师那么慷慨地给每一个学生祝福，而唯独没给自己写一句话。

小艾兜里揣着火车票，身上已打点了行囊。她面前是去往火车站的公共汽车。

她面容平静，心里却惊涛骇浪。在最后时刻，她终于说服了自己，我仅仅是要问问老师为什么不给我留言。

她的爱悄悄疯长，每夜都和她的字来见面。

她向他的办公室飞奔过去。

门竟开着，虚掩着。从走进那个门，小艾就后悔了。

老师在伏案改作业。

但他在那儿的事实，让小艾知道，自己有多么愚蠢。因为她还没有开口，老师就说了让她终生羞愧的话：我知道你会来，这也是为什么我不给你留言的原因。因为只有这样，你才有理由来找我。

小艾站在老师面前，仿佛被剥光了所有的衣服。

屋子里安静得只能听见她一个人的心跳，但老师并没有继续。他显然看见了小艾的崩溃，他怜惜地停下了洞察一切的先决姿态。

老师是慈悲的。秘密不用脱口而出了。真相早就在他们之间暗度陈仓。仅仅有这一刻，四年的挣扎就都得到了补偿。

小艾记得她平静下来后，对老师说的话，您对我的帮助，我终生感谢。谢谢您，老师。

她给他鞠了躬，他微笑。他以略微前倾的身姿，完成了倾听。假如这是真的，这一切便是完美的。

而当时发生的，是老师打破了沉寂。他的话不多，但却是惊心动魄的许诺和约定。他说，再等一些日子，我会处理好一切来找你。

小艾忘记了，自己是怎样逃离这个校园和这个城市的。

那一夜，真长啊，而上海到北京的路，真远。

千张纸

到北京以后，小艾再也没穿过淡蓝色的衣裳。他们之间没有任何消息，不通信，没有留电话。同学聚会时，她不问，只是不动声色地听。

她留了很长的刘海，遮住了自己的美目。她没有男朋友。她故意埋藏着自己的好。她参与一切关于爱情的话题，滔滔不绝地发表着自己的见解，也为身边人耐心地出谋划策。很多朋友都奇怪，没有谈过恋爱的小艾，为什么懂得那么多道理。

只有夜晚，这个不忠的信徒，会出卖小艾的秘密。她内敛的情怀在呓语里蒸腾，那个心底里痴痴地等，那个老师的名，那些她手指摩挲过的美文，都在夜里出来跳舞。

小艾要走了。小艾把所有的东西都赠与我，包括日记本。她即将连夜启程。她做了离开的决定。

一共一千张。也是一千个日日夜夜。多一天，我都不等。

这一千天里，她只喝玉蝴蝶。那是属于她的秘密。

而现在只剩下了一片，她说，走的时候，老师送的，一千张都喝光了，多了这一张，留给你做个纪念。

我捧着日记本，捧着玉蝴蝶，捧着小艾的心，一句安慰的话都说不出来。我是朋友的爱的见证者，但我不是那个拯救的人。我的职责是陪伴，是倾听。

小艾告诉我，去了新的城市，她会隐姓埋名，会随便嫁给某个人，也将不再回来。

我点头。

让那个曾经在绝望里爱和等待的小艾死，让你重新活过来。

她放声笑，笑得夜都震颤。

第一千零一夜

夜深似海。果然，有人敲门。我打开了门。

是老师。

他带了全部的家当，和他深陷的眼眶，刀刻的皱纹。他不是乌托邦，他也不是柏拉图，他竟没有说谎，他如你喃喃般的体己、睿智和洞察。

只是，他迟到了。

小艾，他，只是迟到了。

薰衣草的祝祷

做不到觉醒，也应该得到安慰。这样的祝祷，就是薰衣草的温暖情怀。

文文是我的朋友里面最细心的人。

她送给我的茶竟是薰衣草。

我的性情刚烈素淡，很少沾花草茶。那些摇曳生姿的、香扑满面的花朵，总是让我退避三舍。小女子情怀，莺莺燕燕，也会让我觉得幽怨牵缠，不得清爽。

平日里喝茶，只喝那些冷面的，劲道足的。

文文不怎么喝茶，她说喝了茶会失眠，有时候头痛。

但她却选了薰衣草送我。

她并不批评我的固执，也没有任何劝说的话，却拿了这样的茶，委婉地祝祷。

其实我以前喝过薰衣草，是在雕刻时光咖啡馆里。玻璃壶泡上来，散发着莹莹的紫色光晕。

她很美，仿佛是位身着紫色衣衫的女子，安静，有一点神秘，也有些淡淡的忧郁。茶倒在杯子里，香气迷人，让人又好像看见安静女子的一些俏皮。入口后，滋味熨帖，解人心怀。

从来佳茗似佳人，东坡感叹道，我却一直不以为然。不喜欢茶的苻昭远就曾经说，“此物面目严冷，了无和美之态，可谓冷面草也”（引自陶谷《清异录》）。想想那些冷香郁积、雨露沉重和力道遒劲的茶，或像羽扇纶巾的儒生，或像执剑破阵的将士，也犹如一路绝尘的隐者，凌厉硬朗些的，更是可拼悲情捉鬼的钟馗。

那佳茗似佳人，是怎么来的，让人颇费思量。唯有这娇美的薰衣草星星点点地弥漫开来后，我才恍然，诗人的名句至此方名至实归。

文文和我，应该是朋友当中，两种面孔的人。

她安稳柔和，善解人意，很多时候，如果真的想倾诉，她是最温婉的痛哭怀抱。

我却言辞犀利，苦心愁肠，如果不是自投罗网，恐怕无人愿意听到逆耳的忠言。

我是好意，但却因为冷面，损伤了本已脆弱的神经；也因为热心，让彷徨的身影备觉负担。这也许就是文文送我薰衣草的隐衷吧。

她只对我说这茶的好处：泡来喝，柔和；放在衣橱里，有幽香满衣；搁在枕头旁边，夜得安眠。

这么些年，我们都有心事，讲的时候并不多。悄悄地握手，拍拍肩膀，就是分担。她是好演员，我看过她的很多作品，真的是细致入微，一个小情节上，也能演出起伏的层次。她的声调不高，却总能吸引人把台词听进心坎里去。当她爱的时候，她的叙述就会有恬美的光辉闪耀，即便有深情奔涌，也是缓缓悠悠，润物细无声。

文文曾经告诉我，很多时候，她都在自我矫正。生活予以我们欢喜，也予以我们伤害。当伤害产生了偏执，她就赶紧拽自己回来。有时候也会哭，也会觉得委屈得不得了，但她给自己留有客观的空间，所以，总有机会反省和克服。

我挺喜欢她的。

她身上有一种非常美好的安定。那种安定会给许多朋友一种安慰。或许，有些时候，安慰比劝告，更有效。安慰，是宽容，是敞开的怀抱；劝告，却是唠里唠叨，义愤填膺，难免强加于人。

我没有喝文文送的薰衣草。我不敢轻易地打开它。我把它放在了衣橱里，每次拿衣服的时候，都能闻见那幽幽的香。它在提醒我，我们对于朋友最大的帮助，不是亲身去替代他实践命运，而是在他成为倦鸟后，无怨、无责备、无厌弃地提供一个休憩的肩膀。

这个人世间，并非每个人都能够心思清明地行路，也并非每个人都有自我矫正的勇敢。如果他们不情愿，或者他们还没有做好准备，那么，推荐一杯冷面茶，不如泡上一壶薰衣草。

做不到觉醒，也应该得到安慰。

这样的祝祷，就是薰衣草的温暖情怀。

版纳·茶山·慈母心

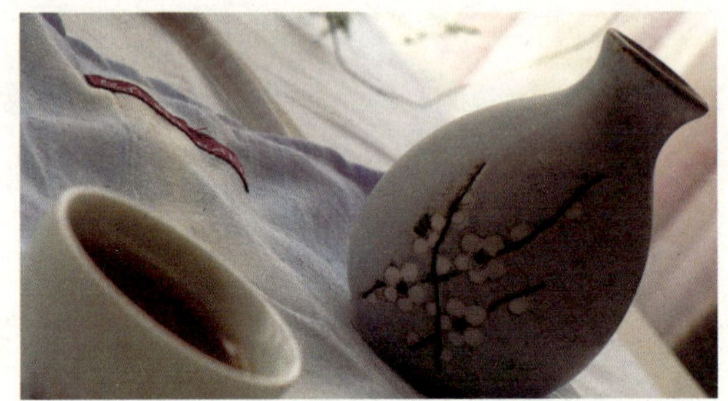

妈妈！请原谅我吧！我所有的对立都是假象。我只是爱你。因为你的宽容，而前嫌尽释。

我去西双版纳，是因为一次采风。车行蜿蜒山路，来到了亚热带，在没有去到瑞丽前，版纳是我到过的祖国最南端。

我知道版纳，不仅仅是因为电影《孔雀公主》，也不单是因为南传佛教、傣族和泼水节，却是因为著名的六大茶山在这里耸立。

人们都说澜沧江是普洱茶的母亲河。在她的中下游两岸，江山秀丽，层峦叠嶂，岸上天地，正是普洱茶的优生之所。澜沧江自北向南进入西双版纳，又微微东向出境，出境以后被称作湄公河，流经老挝、泰国、柬埔寨、越南，在越南入海。在版纳界内，一江斜分江内外，东向成为江内，西向因与缅甸、老挝、越南相接，故称为江外，于是便又有了江内茶山、江外茶山之说。

早在明代，车里宣慰司划分十二版纳时，将江内六大茶山合为一个版纳，称作茶山版纳。现在，西双版纳州一市二县三十六乡镇，除了勐捧外，处处都有茶园茶山。

我来到了西双版纳。带着对普洱茶的幽幽怀想和丝丝憾意——因为工作缠身，我不能去往茶山逡巡。这个时候，我接到了一个电话，是我的兄长兼师长打来的，他告诉我他的一位至友，就在版纳，希望能和我见上一面。

我就是这样认识大姐的。

在版纳，她是风云人物，人们称她为湄公河上的女船王。

兄长和我说了她的很多故事，或许她是东南亚诸国政要的座上客？或许她是湄公河上与黑老大迂回交锋的独行侠？道听途说，无边想象将大姐塑造成了一个闯荡金三角的传奇人物。

我们的采风组在傣寨扎营。大姐从版纳连夜开车过来。我的同行者们都睡了。我和大姐在傣寨的月光下见面。和想象中一样的是，她高大，雷厉风行，笑声爽朗，眉宇间透露出军人般的英气。和想象中不一样的是，她来找我，为的是她的孩子。

大姐的孩子要考学，想考我的母校，她希望我能给他辅导专业课。

大姐急切的语气，焦虑的神情，和对艺术院校的怀疑不定，让我瞬间回到当年。

当年，我也一样，完全和艺术不沾边。我的家庭背景，除了核工业的科研人员，就是医院的医生，没有人搞艺术，也不认识搞艺术的人。而我，却铁了心要去学电影了。

大姐家，有军人，有生意人，唯独无人涉猎影视。而她的儿子，却要学电影了。

大姐的忐忑让我想起妈妈。妈妈最早是支持我考艺术院校的。她最初支持，是因为误以为艺术院校是冷门，她对我的能力，模糊不清，将信将疑，觉着冷门也许会有出路。大姐的孩子和我不一样，他学习好，门门功课皆拔尖，如果考一般的文科大学，把握很大，但若考从来不了解、也无准备的艺术类学院，大姐觉得风险很大。

的确，考试就要承担风险，一种是考得好，另一种一定是考砸了。选择一个自己不熟悉的领域去承担风险，风险自然更大。

我就是很好的例子。考了三年的艺术类学校，种种原因，促成我再三落马。当最后一年我决定放弃已被录取的省内大专，继续北上时，和妈妈的冷战爆发了。她不再做我的后盾，逢人便哭诉我的际遇；在我的小屋外隔着房门训斥我，能长达三个小时。当时，我贴了毛主席在长征时自勉的一句话在墙头：在命运舛途的痛击下头破血流，也决不回头！以此向她宣战。因为我的坚持，和母亲的反对，将近半年我们形同陌路。

我们不说话。爱被隐藏。恨被放大。我所有的信念集中成一个：不论如何，都要离开她！

现在大姐来问我，是该支持儿子，还是劝说他放弃？我仿佛看见了当年的母亲和我，母亲也曾到处问人，希望凭借他人的判断来增强自己的信心。我现在就是这个他人。为了不让那个孩子像我当年一样腹背受敌，我热切地说，请相信他吧！给他尝试的机会！

我离开云南的时候，大姐赶到了昆明，她气喘吁吁地带来了十个茶饼。我拒绝，她却殷切地看着我说，大姐只给你两个，并不多，其他的还要劳烦你送给你的兄长，他会帮我转给其他的朋友。山长水远，只有这个茶，能转达我的心意。我不能再推辞，因为这是一颗母亲的心，她为了她的孩子，可以千里迢迢地来托付。我和大姐谈笑风生，但告别后，我却怎么也抑制不住眼泪奔涌。

在我考学时，妈妈给我准备了小米、红枣和醋。我不要，说我不认识任何人，送不出去。妈妈说，谁对你好，你就送谁；谁关心你，你就给谁留着。

冬天来临，考学在即。大姐带着儿子北上，为了方便辅导，她订了离我们家最近的一个酒店。酒店不便宜，对大姐的财力来说也许不算什么，但我看到，她为儿子做的一切。每次我辅导讲课的时候，大姐为了不影响我们，都说自己有事情要办。那时候快要过年了，街上的人不多，很多游子都在回家。

我后来知道，大姐其实并没有什么事情，她只是在酒店外的街上走来走去，消磨时光。北方冬天里的寒风凛冽，她竖着领子，低着头，陪伴，等待。

大姐徘徊的身影，让我渐渐抹去了关于她在江湖上行走的那些神奇色彩，我只看见了一个母亲，一个无怨无尤的母亲。

我还记得，第一年外出考学，我的母亲陪我北上，住在离戏剧学院不远的东法招待所里。那是个半地下室，人称考戏剧学院的福地。我们家没有大姐家宽裕，住不了酒店，但这没什么，因为母爱是一样的，一样能给予幼子勇气和力量。

在那里，有考学的油子来试探考生们的深浅，油子盯上了我，问我完全不了解的知识，告诉我如果这些常识我都不掌握的话，铁定落榜。妈妈听说了，她竟然怒发冲冠，与平日里胆小怕事、软弱流泪的那个母亲完全迥异，她在胡同里堵住了油子，大声地呵斥他，告诉他以后再要恐吓打击她的女儿，她就跟他拼命。

我和油子都被母亲怒狮般的发作给惊住。

从此，油子再也不敢骚扰我。

我的妈妈，个子不高，因为出身不好被迫学农，一辈子颠沛流离，一直在改行。她虽然要强，却没能有值得骄傲的专长；虽然也曾有很多理想，但从来都没有选择和坚持的权利。她非常善良，天生茹素，养金鱼的时候和金鱼悄悄地说话，路上遇到了被射杀的小鸟，会流着眼泪给小鸟下葬。她说话有口音，和人交往，听的时候多，说的时候少。但是，为了我，她怒龇叱咤；为了我，她准备了家乡的特产，红着脸硬着头皮敲响陌生人的房门。

天下的母亲，都是一样的。

大姐的儿子非常聪明。他写的东西很飞很炫。当他虚心地问我意见时，我跟他说，你不必要求自己朴素，因为你骨子里有的是那些绚烂的思绪，那是为你所独有的，不要丢掉你独有的东西；如果说建议，那么请你在绚烂里，加一些真情，哪怕是你羞于说出口的愧悔，或者从来不曾尝试表达的谢意。

他听得懂，写了出来，是对母亲白发的一丝心酸。尽管飞鸿一瞥，也足以表达人子之心。

我告诉他，我和我妈妈的冷战，一直延续到最后一次考试前夕。她非要送我去车站，给我买了上铺的票。尽管家里当时经济紧张，她和父亲还

是给我买了卧铺。他们去看我，都是一夜一夜地坐着硬板去，唯独对我，尽最大的可能要让我少受苦。路上，我们依然不说话。她送我上车，我一骨碌就爬到了上铺不再下来，我跟妈妈，没有话可讲。

上铺很脏，似乎没有人打扫。我弓着身收拾床铺。在我的视野和角度里，正好能看到站台上人们的脚。我看见了母亲的那双脚。我之所以能一眼认出来，就是因为她的鞋破了，打着胶皮补丁。那个补丁是一个摞一个补上去的。在那样狭小的一方车窗里，它仿佛是电影里的一个画面，母亲的那双鞋，让我心中翻浪。车身猛地动了一下，那狭小的画面里，突然出现了母亲的脸，她弯下腰，向上仰望着她的孩子。她眼睛睁得大大的，完全没有了责备和痛心，她对我笑了，挥着手，弯着腰，穿着补丁鞋。

妈妈！请原谅我吧！

我所有的对立都是假象。我只是爱你。因为你的宽容，而前嫌尽释。

我在飞驰的火车上大放悲声，在陌生人面前号啕痛哭。

母亲的一个眼神，一个怀抱，一个弯腰的动作，一双破了舍不得换的鞋，让我知道，冰山下面，水是如此温热。我们战斗，最后必将和解。因为我们的恨是云烟，经不住时间考验；我们的爱却是真相，历久弥新。

大姐的孩子考了两个专业，第一个专业初试就落榜了，第二个专业拿到了全国第一名。在此期间，大姐动摇过，我讲了我和我母亲的故事，他们都动容了。其实，我要说的是，既然是母子，既然是亲人，请并肩作战吧，请把力量集中起来，不要让那个战士分心伤情，让他一鼓作气地去战斗，即便失利，也笑得灿烂，没有一丝遗憾。

我没有去到版纳的茶山，置身茶树下，抚摸叶片的温润，呼吸茶园的芬芳。

但我庆幸因着结识大姐，辅导年轻一辈，得以对我们的母亲，弯腰鞠躬，说一声感谢。

我们战斗，最后必将和解，因为我们的根是云烟，经不住时间考验；我们的爱却是真相，历久弥新。

第三辑

琴瑟琵琶，妙指而发

兰贵人和竹叶青

一段时间，我曾经喜欢过兰贵人。后来，又喝竹叶青，也甚喜爱。觉得自己仿佛是个薄幸的人，三心二意，万般皆可入口。

记得最早见到兰贵人，觉得她很是不起眼。这茶的颜色有些灰暗，制成的形状是三角形，颗颗饱满，价格也不便宜。闻起来，兰贵人有馥郁之香；而及至入口，惊艳更非常。在以往的经历中，茶，多以淡、清香为特质，而这兰贵人，却偏偏独树一帜，是泼辣的香，浓艳的香，茶汤的味道犹如蜜糖，回甘时不是悠悠长长，而是浓墨重彩地扑面而来。

那时候我刚刚开始学习喝乌龙茶，铁观音完全喝不了，喝了必致失眠，有时候胃会痛，有时候头疼。

觉得铁观音的劲道太大了，完全接不住。习茶的朋友跟我说，不要一步登天，那样只会半路夭折。她推荐了很多初期乌龙，名字都好听，黄金桂，兰贵人，奶味金萱。一个个尝过来，果然觉得受用。

这兰贵人是乌龙茶的一种，原产自台湾，也称人参乌龙。

近日里，海南的兰贵人注册了商标，申请工商部门清理市场上的兰贵人，结果引起了南方六大产茶大省的抗议。这两个兰贵人实际上不太一样，海南的兰贵人原料是绿茶，配有海南岛的香兰草，美国的花旗参；而市场上常说的兰贵人属于乌龙的一种，加人参熏制而成。海南的兰贵人我也喝过，味道和人参乌龙是一样的浓烈，或许是因为都有参的味道吧，回甘也很甜。如果打个比喻，这兰贵人仿佛西班牙的佛朗明哥音乐，仿佛绍拉镜头下的卡门，就是要挑战你的味蕾，看你能承受多少，能刻骨铭心多久。

刚开始喝茶的时候，总是要喝奇怪一点的茶，要么味道上独特的，譬如兰贵人；要么形状上考究的，譬如玫瑰绣球（实则是花茶，做成了绣球状）。仿佛年纪轻时，爱恨都强烈，鄙视中间道路，故意忽略清淡和平实。青春就是要张扬的，即便是慌张，也是特色，就是不能平常，猎奇是最元初的态度。

有一段时间，我常常买了这茶，送给女友们，觉得喝惯了饮料、咖啡和酒的现代人，如果喝品貌清淡的茶，一定没有耐心，那味道香艳的茶果然也得到了朋友们的珍爱，一度成为可以和花草茶、水果茶媲美的休闲饮品。

但是。这仅仅是阶段。是暂时的停留。浓郁是浓郁时代的面孔，但却不能满足逐渐沉淀了的心。有时候想想，青年和中年，真的是需要再三回味的时光。那些披挂上阵，被环境他人影响和熏染的表情，都让我们面目模糊。为什么孩子和老人都接近了本真，接近了平常，那是因为，孩子是本能的天真一片，老人是过尽千帆后的释然平和。唯有在跋涉的中段时光，我们如同下山的猴子，忽而西瓜，忽而芝麻。今天否定的就是昨天，明天即将叛逆的就是今天。不可否认，我舍弃了兰贵人，爱上了竹叶青。

竹叶青，产自峨眉，算来应是家乡茶，我在峨眉山脚下生长了那么多年，竟然从来没有喝过。父亲那时候只喝毛峰，我即便跟着父亲喝他大茶缸里的茶根，也没有见识过峨眉的竹叶青。后来回到籍贯上的家乡，曾经喝过杏花村里的竹叶青，那是白酒，以汾酒做底料，却呈现金黄和翠绿之间的颜色，口味极为清香醇厚；45度，度数不高，却因为酿以广木香、公丁香、竹叶、陈皮、砂仁、当归、零陵香、紫檀香等十多种名贵药材，而成为著名的药酒。我以为竹叶青，就是指的这个了。直到后来有一天，说茶中亦有竹叶青，竟然还产在峨眉！我不由地愧叹，我的知闻真的是有障碍的，眼界、耳界、意识界，要翻越了千山万水，回光返照的时候才开朗。这竹叶青，竟是离开峨眉那么远、那么久，才可以喝到的。

刚一入口，我心里就知道，这，就是我要的。

竹叶青，是绿茶的一种，条形细长，如银针，两头都纤细，冲泡后，

我们如同下山的猴子，忽而西瓜，忽而芝麻。今天否定的就是昨天，明天即将叛逆的就是今天。

茶有竹叶香，口若悬河后如初遇，必致噤声。走得劳乏后若得饮，如尝甘露。在峨眉山的万年寺，它是千百年来僧人们培植出来的茶，原来无名，后于1964年，陈毅到访万年寺而誉名得来。

竹叶青采自明前三五日，一旗一枪，煞是精干。他仿佛是个沉着脸的将军，专门负责给忘乎所以的人一记冷枪。他让我喝得冒汗，喝得沉默，喝得起大惭愧心。他不是在长坂坡出入无碍救少主一命的赵云，却是狂妄的魏延大呼三声“谁敢杀我”后，那身后冷眼出手的马岱！

他的凛冽和清香，都像极了我生命里的巡查官。他不是守护神，因为我不哀求不祈福。他是巡查官，因为我即便欢乐，也会有所节制、有所保留。竹叶青，他就是这个冷面孔。

我喜爱他，因为我的生命需要，需要这个猛醒，需要这个监督，需要这个加持。

向善、悔过、不夸大其词，是我卑微生命里的需要。

我遇到了竹叶青，觉得幸运，不敢声张。怕声张就会见光死，怕言说就会离本意。好吧，就到此为止。

那么，这个兰贵人和竹叶青，可以分别吗？可以因为我的喜好的改变，而贬谪兰贵人、赞叹竹叶青吗？不。不能。兰贵人虽有甜腻，但却适合当初的学习；竹叶青虽清冽会心，但并非人人欣赏。

在哪里逗留不重要，关键是我们终究会前往。更何况，不可以妄下断言，断言就是日后自己冒汗的原因。特蕾莎修女以一生的谨言慎行实践了基督的教诲：你们不要论断人，免得你们被论断。随意地论断和分别，实际上就是伤害，就是打击。

不是一个人的路，千万人就必须要跟随。每一个个体的生命，都有选择的权利，你可以提供经验，但不要喋喋不休，更不要把自己的阶段性结论视为定论。人生还漫长，慎独的空间无比广袤，如果一定要眼睛看外面，那么请你忘掉论断、忘掉分别，记得鼓励、记得爱。

我可以不喜欢兰贵人了，但我不能不感恩最初她于我的扶持。我经由兰贵人的味道锻炼，才逐渐可以接招铁观音。她不是最终的师尊，却是路上的善知识。我也可以在此时啜饮竹叶青，但不代表我就此沉溺。行路，需要拐杖，但终究还是要扔掉拐杖的。

万千道路，只为通向自己的一颗真心。

万千道路，只为通向自己的一颗真心。

小满来把盏

喝茶和学佛在某些时候，会有些相像。比如，一些生活中耳熟能详的词语，因为学佛，才知道这些词汇是来自佛教用语，如“刹那”“缘分”“一尘不染”“大千世界”，等等。

而喝茶以后，也会碰到这样的词，如“火候”，最早是指煎茶时间的长短，火势的大小分寸。又如“隽永”，从锅里舀出的第一碗茶汤叫隽永。这第一碗茶汤不是初沸之后的那层有泡沫、形似黑云母的水膜，这层水膜因为味道不正，一般要去掉。去掉之后的茶汤，就称作隽永。最好的，最香浓的，最有回味的，即是隽味永长。

还有相像的地方，就是喝茶与学佛，都能让我们培养出美德。

四月中，小满者，物致于此小得盈满。

所谓佛者，即觉悟了的人。对烦恼觉悟了，万事心中分明了，就是向佛陀看齐了。

而喝茶呢，因为茶的易醒神，防昏昧，而劝导人们勿要蒙沌，随波逐流；因为泡茶时，水要少，茶香才浓厚，所以由茶性俭朴而寓意人的生活要俭朴自足；又因为茶味严正深切，来为人们追求正直、追求律己做了示范。

还有种种美德，皆如临波照镜，仅仅这么一举杯，就有了许多参照。

想想自己之所以喜欢上喝茶，除了茶本身的味道别致外，也跟这些可参究可意会的道理不无瓜葛。

譬如这喝茶的杯盏。几乎没什么特大的。盖碗小巧，玻璃壶剔透，闻香杯、品茗杯盈手一握，那紫砂壶更是千百样姿态，脱不了一个“小”字。

以前不理解为什么这茶器那么小。看见草莽的人拿了这玲珑的器皿，不仅他自己觉得尴尬作态，我们在一旁也会忍俊不禁。后来真正开始喝茶，才发觉若器皿庞大，茶香散发得非常快。不仅乌龙是这样，绿茶也如此。

绿茶性淡，用小些的杯子似乎喝五泡还能有茶味，而大杯子，第三杯就已经滋味寡淡了。《茶经》里就曾说，“茶性俭，不宜广，广则其味黯淡。且如一满碗，啜半而味寡，况其广乎！”明朝的许次纾在《茶疏》也说：“茶注宜小，不宜过大。小则香气氤氲，大则易于散烫……独自斟酌，愈小愈佳。”的确如此，用大杯泡茶，由于水的热载量大，容易把茶叶烫熟，使茶汤失去鲜爽味，有时候甚且会逼出苦涩的口感来。

一大杯茶，除非渴极，否则谁也不会一饮而尽，况且茶汤滚烫，也不可能一股脑地胡喝。若晾凉些，小杯来得快，一啜而尽，水不留底。要是等那大杯晾得温度合适了，味道也就老了。

想那花茶为什么可以用大杯泡，并非那茶禁得起浪大港深，而是因为花香可以持久。除此之外，浩大茶器，于茶真是一种浪费了。

而单单杯盏的这个“小”字，令我不由地要心生赞叹！

仿佛我们每一个人，都能甘愿做微小的部分，不求大，不求人知，不求功业显赫，只安心于那卑微，安心于脚下眼前，安心于只把本分事、能力范围内的事情做好做扎实。

这却不是容易的事。

所谓立大志，做大事，已经成了小时候每个小孩都容易被教导的话。却不知道，立大志，做小事，才是中肯切实。

我们看到，特蕾莎修女实践了做微小的部分。她说我等不及社会完善了，我也等不及进到会堂里去演讲救助贫苦的人，因为我眼前的这个倒在路边的穷人，他只需要一杯水、一碗粥，我能做的事情就是这么小，这就是我力所能及的事情，我这就去做。

我们也看到，印光大师实践了做微小的部分。直到今天，当各旅游胜地多开展建大佛、盖大庙的比赛时，苏州灵岩寺，印光大师圆寂前安住的寺庙，仍然那么小，那么简朴。大师生前，曾再三地言明，不要扩建，不要修缮，除非它要塌了，否则不要动干戈于外围，只一心做本分事为要。而就是在这样安分守己，安于在“小”的精神里深度完善自身的环境里，寺庙常住僧人多达三百余人。为求真道法，不见冠冕堂皇。

而对于那些大的、好的、名誉的、张扬的，因为我们有缘有福端起了这小巧的茶杯，都要心生警惕。好大喜功，攀龙附凤，夸夸其谈，飘飘其然，都是拔着头发想离开地球——与道甚远，终将堕落。

汉朝曾有一位长安隐士，名字叫做韩康，他以在终南山采草药为生，因其言无二价而渐为人知。他后来发现连普通的村妇都知道言无二价的韩康后，干脆连名字都换掉，彻底隐没于山林之中。

凡移人心志的，若没有足够的本事做个不动尊，那么真的是要知幻即离。

由是忽然想起我们二十四节气里的小满。小满这个名字，不像春分秋分，也不像立秋大雪，可以顾名思义。农书上说，每年的5月21日或22日，视太阳到达黄径60° 时为小满。《月令七十二候集解》：“四月中，小满者，物致于此小得盈满。”

这个名字起得真好。小得盈满，小而知足。

而小满的意思，还不仅仅在于此。当是此时，全国北方地区的麦类等夏熟作物籽粒已开始饱满，但还没有完全成熟，约相当于乳熟后期，所以叫小满。这个时候最适宜做的事情是抓紧麦田虫害的防治，预防干热风和突如其来的雷雨大风的袭击。在南方，宜抓紧水稻的追肥、耘禾，促进分蘖，抓紧在晴天进行夏熟作物的收打和晾晒。

啊。这就是了。小满，还要防患于未然。

不要因为果实即将成熟，就掉以轻心了啊；不要以为此时风调雨顺，就可以不在田里蓄水，应变不时之需了啊。蓄水如蓄粮，这就是小满的另一层意思。

之所以会想起小满，是因为我们喝茶，跟许多节气有关。茶分春茶、秋茶，采摘季节有清明前后、谷雨前后、中秋前后。懂茶的人只一嗅，只一注目，就能说出这茶是什么节令来的。那么小满，正当清明、谷雨过后，最好的春茶已上市，爱茶的人可以来把盏言欢了。

适逢这样的节令，眼见得杯小如胡桃，壶小如香橼，三口气，七泡香。若能喝尽茶滋味，也该是没有辜负这茶里的风云天地了啊。

适逢这样的节令，眼见得杯小如胡桃，壶小如香橼，三口气，七泡香。

行至水穷处

泡乌龙茶多用紫砂壶。

两茶匙的茶叶放进玲珑的壶中，因为滚烫的汤水相激而舒展开来。茶叶本来是干瘪的，卷曲的，却因为被水唤醒，恣扬伸展。而这壶的空间却逼仄，紫砂营造的墙幽暗无光，壶盖犹如死牢的门，已然紧闭，唯有盖子上的一个出气孔，留出一线光亮。这时，第二道沸汤自壶外淋浇，那壶的内外两层壁胆吃了痛，受了烫，都扩张起来，然而空间有限，挤压的仍然是茶。

紫砂壶孤立在茶盘上，漏到茶盘下面的井水蒸腾起来，化作柔润的水雾，轻轻飘飘地围在紫砂的周遭。

茶叶在这个时候，内外、上下都受力，它们各自

没有光，没有通道，没有钥匙。
只有无尽的黑夜，茫茫的奔走，只有来自外部的讽谏，与来自内心的风暴。

挣扎着，互相挣脱地，终于吐出最为沁人的芳香。

七道开水激下去，乌龙茶吐尽了自己的精华。从那壶中取出任何一片茶叶，你都会发现，那在茶包里原本萎缩的、卑小的、不起眼的一分子，经过激荡，竟然是这么地宽厚修长，叶子完全呈现了当初它生长在深山，与云朵相望、与清风起舞、与阳光捉迷藏、与雨露亲吻的万千风貌。来路在刹那全部被照见，生动摇曳历历在目；而过往更因为疼痛，因为挤压，因为成就芳香，熠熠生辉。

紫砂壶内里狭小黑暗，仿佛我们历练过和将要奔赴的困境。那和我们同处幽闭空间的茶叶，也像是我们狭路相逢，躲避不及的对手和冤家。就是在这无处可去的窄胡同里，我们被培养，被淬炼，被煨养出人生最有劲道的茶味。

你一定走过那条窄胡同吧，你一定品尝过被逼迫的滋味。

它们是困境，是暗无天日的煎熬，是无论走向哪里，最终都遇到墙壁的绝望。

他们是仇人。他们夺去你的尊严，动摇你的信心，觊觎你的饭碗，嫉妒你来之不易的一点光芒，甚至是你被逼到了悬崖边、向你伸脚而非援手的人。

困境是牢房，我们因为性格使然，由于命运驱使，总有那么一段时光，来服刑。

而仇人，他们因为因缘而出现，他们的唯一使命就是让你难堪，让你痛不欲生，置你于死地。

我想起两个人，他们都是教过我的老师。无一例外，他们都不喜欢我。

第一位老师，因为我的笨，笨到骑自行车能骑到墙上去，学自行车三年都学不会，而厌弃我。他给我留下的印象，一是到家里告状，我在学校的种种不端、桩桩劣迹，他记录在案，逐条知会我的父母，离间父母对我因为久别而刚刚涌出的柔情。二是我曾经报名参加学校的乐队，他百般阻挠，理由只有一个，就是孺子不可教，朽木不可雕。

我为什么是朽木，我并不清楚，但我是朽木，却被老师定义下来，成为人所共知的事实。

我却也说不出难过、受辱和悲伤。在少年时代，老师的轻蔑，就是我的牢房。

我太幼小，不掌握反抗的语汇和权利。

在这个牢房里，虽然冰冷黑暗，但好在牢房里有一线光亮，我眼睛并不盲，我能看见，只是不敢说出来。那或许是我唯一实践反抗的途径。

一个最为偶然的机会，我跻身于那个乐队，成为替补。

我的确笨，看见琴弦，双手颤抖。

我不能平静，不是因为无法驾驭，而是知道，我获得了越狱的机会，我会大步流星地奔跑，会跑得非常漂亮——我拼命地练习，把右手的每一根手指都弹烂。那时候没有创可贴，也不能上药，冬天，手指上皮开肉绽，鲜血滴在弦上。被折磨的肉体，见证着我的发奋。每当我激情澎湃地弹奏时，我眼前都会浮现出老师眼角嘴角边泄露的鄙薄。他给予我的冰冷的小牢房，令我热血沸腾。

我不当朽木。老师。无论如何，我要做有用的人。

不管我是不是能让您接受，让您欣慰，让您收回对我的定论，我都因为被投进监牢而比普通的孩子更渴望自由天地。

我在心里一遍遍地重复着这些祷词，终于有一天我学会了弹拨，又因为触类旁通学会了吹奏。我知道，我并不能成为音乐家，但我可以把那些乐器弄响，弹出还算好听的旋律；我也知道，我骑自行车并不能表演杂

紫砂壶内里狭小黑暗，仿佛我们历练过和将要奔赴的困境。

技，还比他人学得慢，学得艰难，但我也能骑车上路，遵守交通规则，并且不伤及行人。这是每一个笨孩子都能获得的生存可能。

我因为老师的弹压，做出了容易气馁、但终获坚持的全部努力。

高中的时候，我碰到了另外一位老师。他对我所做的一切，就是冷落。为了让他看见我，记性差的我，把《荷塘月色》全篇背诵如流；为了让他看见我，在人前大声说话脸红心跳腿哆嗦的我，报名参加学校所有的演讲比赛，尽管我曾在比赛中忘词出丑，我依然勇敢地一次又一次地站上舞台；为了让他看见我，我拼命地写诗投稿，令报纸印上了我的名字……我做的这些事情，本不是我手到擒来的长处，是需要我下十分的功夫，迎受很多挑战，承担自己本不愿接的担子，才能获得的成果。

我原本的确是为了赌口气，为了老师能公平对待每一个学生，能像重视那些华而不实的人一样重视自己。但事实证明，一切对于老师来说，都是徒劳的。我无论折腾出什么样的动静，他也故作无视。

但令我惊讶的是，我却因为付出这些努力，无心地获得了性格中的其他品质。比如坚持，比如忍耐，比如抗击打能力，比如不懈怠。

事隔多年，我每每想起他来，心里十分感恩。老师看不见我，不是我的悲哀。他也许是无意的，也许是故意的，这并不重要；重要的是，他引发了我身上的那根导火索。曾经自闭、怯懦、胆小、羞涩、无作为的我，因为他的态度，发愤图强。

第一位老师，是看不起；第二位老师，是看不见。

之于我，都是被抛掷到了死牢。

没有光，没有通道，没有钥匙。

只有无尽的黑夜，茫茫的奔走，只有来自外部的讽谏，与来自内心的风暴。

就是这样的小空间，每一个被看不起、被看不见的小孩异常茁壮地成长起来。压力，竞争对手，讽谏激将的人，困境和冤家对头，就是他们，成就了你。

痛，是必然的，但这痛终将成就光彩照人。那光彩就是凛冽的茶香，它经历了所有负面的考验，迸发出来，悠久绵长，回味不绝。

这就是逆缘。

逆缘对于苟且偷安的人来说，是深不见底的寒潭，对愈挫愈奋的勇者来说，就是锻造钢筋铁骨的增上缘。

请珍视逆缘吧！

看清楚逆风逆水，为的是打造你逆流而上的风骨；看清楚讥诮、诽谤、侮辱的背后，为的是铸就你一颗坚忍、宽恕、不动摇的心；看清楚四面楚歌只是个阴谋，而四面的墙壁，因为你的看穿，都成为越狱的门。

请感谢逆缘吧！

因为它也是生活予你的珍宝。你如果有仇恨，因为你的感谢，仇恨就被一笔勾销；你如果有冤家，因为你的感谢，冤情就被化解。反观、善思维，就可以转化、利用，而不被蛊惑。

行至水穷处，坐看云起时。这样的豁然开朗，才能对得住好茶汤。

假若我们喝茶，能喝到云起之日，不要忘了对那冷硬面貌的紫砂壶、一味浇淋的沸汤以及曾经与你一起争夺过狭小地盘的末路冤家，心存感恩！

公道杯，平人心

能予人公平，是需要身怀绝技、心不藏私、悲悯一切，茫茫然不辨高下的。

喝功夫茶，最有趣味的莫过于泡茶的许多讲头。它既囊括了泡茶的技艺需求，也能引申出为人处世的些许道理。

譬如复杂些的茶具，要有茶海茶盘，有紫砂壶，有公道杯，有闻香杯、品茗杯；若要简略些，一个人喝，可以用同心杯——外杯、内胆加杯盖的三件式泡茶用具。茶艺师在给大家泡茶的时候，多用的是全套茶具。

开始泡茶后，茶艺师把紫砂壶里泡好的茶倒在公道杯里，分给众人。这公道杯有用玻璃制成的，也有和闻香杯、品茗杯相匹配的陶瓷制成的。之所以唤作公道杯，全因每个人品尝到的茶味都来自同一泡、同一杯，大家都是公平的，没有浓淡冷暖的差别。

茶味来自一个杯子，已是公平分配，接下来的倒茶也延续公平精神。

茶师给大家的杯子倒第一遍茶汤。先把几个茶杯紧靠在一起，用冲罐在茶杯上方打转注入茶水，这个动作美其名曰“关公巡城”。第一道茶汤倒完后，茶师要检视哪一位的杯中茶略微少于他人，由此再单独给这位茶客添一些茶水，这个动作也被赋予好名称，唤作“韩信点兵”。

这两个茶艺动作既是给他人泡茶时的必然程序，也包含了茶道里的公道公平。

关公巡城，关键要看给每一位喝茶的人分配得均不均、匀不匀，是否把茶水的分量和香味均匀地分配给众人了？是否在分配的时候偏心，厚此薄彼？

关老爷巡城，那是处处关心，面面俱到的。这分配茶汤，可如关公公道？

韩信点兵，涓滴不遗，用兵如此，待茶待人，更当仔细。

我第一次见闻到功夫茶的这些泡茶道理时，心中感慨。

尽管这个世间，给予我们的更多的是不平——不公平的命运，不公平的竞争，不公平的游戏规则，但希冀公平的心却是亘古不变的。

如若劳心者，能够泡一道功夫茶，奉予民生，他的体察和宽谅一定会得以增长。细致的人像周总理，连长安街上的街灯都是他提议设计成白玉兰样貌的，他的心真的是秋毫都能装下，目光所及，皆怀慈悲；而名角如刘鹗笔下说鼓书的王小玉，只一出场，那一双眼睛“如秋水，如寒星，如宝珠，如白水银里头养着两丸黑水银”。梨花简几声丁当，鼓锤两声轻点，眼睛向下左右一顾一盼，嘈杂喧闹的戏院子里一下便鸦雀无声，所有的人，哪怕是在门口挤着的站着的，都觉着，王小玉看见我了。先不论那唱如何绕梁，只这顾盼，就已经令每一个张望期待的人感到熨帖了。

能予人公平，是需要身怀绝技、心不藏私、悲悯一切，茫茫然不辨高下的。这不是一般人能做得到的。予人公平，是需要我们通过一再地修正自身的好恶爱憎，扩大心量，才能慢慢培养出来的美德。

作为女子，我能爱婆婆如爱自己的母亲一样吗？只这一样，就要在心里走多少个来回，掂量、比较、分别，照见的是不能公平的感情。有做得好的，成为流传的好样子；而大多数的婆媳关系，仍然战战兢兢，如履薄冰。

又如继母。能待那个没有血脉之亲的孩子如骨肉吗？做得好的，被写进了戏词，唱作了《三娘教子》；更多名义上的母子，在陌生、隔阂、各怀委屈、冤家路窄的情愫里挣扎。

放下一己的欢喜苦痛，投诸无私的一碗水端平，于个人，都是这么难。所以抱怨环境，抱怨时运，抱怨他人，都是强加责难。环境、时运、他人，都是由每一个个体组成的，每一个“我”组成了环境，每一个“我”勾连了时运，每一个“我”就是他人。当“我”都做不到简单的公平，又有什么资格去要求他者公平呢？！

公平，要从自己手边的这杯茶开始做起。

也有一个办法，就是当抱怨心起来的时候，换个角度看问题。

我们抱怨，机会总是降临不到我们头上，光环总是照耀他人；我们抱怨，在千军万马去冲独木桥的时候，落水的总是我们，杀将过去的总是他人；我们抱怨，我们所受的限制太多，空间太小，而我们天马行空的思想，却被压抑……

我们似乎很少去想一想，为什么没有脱颖而出？

是不是因为自己还不够优秀？还不够勤奋？还没有找到适合的方法？还没有做好充分的准备？

是不是问题不只出在别人身上，自己也有更多的漏洞和闪失？

只要回过头看一下自己，你就会汗颜，因为不公平的事件，不仅仅有外因在作祟，更多的来自内因的全线亏空。

我们找出不公平的借口，只是为了逃避与自己缺点的正面交锋。面对自己，是难堪痛苦的，指责命运，却轻而易举。

我却不再敢抱怨。

不仅仅因为抱怨会滋长虚假的品质，会逃避自身的责任，更因为我知道，和另外一些在困境里坚强成长的人相比，我没有资格抱怨。

他们有的生下来就带着先天的残疾，有的从来不曾看见过光亮，有的深陷疾病的囹圄，有的在年纪轻轻的时候就被提前通知了死期，并且已经先行谢幕而去。但他们努力、感恩、不抱怨，他们写出了《假如给我三天光明》、《谁的青春有我狂》和《命若琴弦》。

我看到他们，就不敢说不公平。

因为我健康。起码现在健康。健康，于我们，仿佛呼吸的空气，无时不在，却最容易被忽视。空气被忽视的时候，你以为你并不拥有。所以，当拼抢其他的资源时，你愤愤不平，认为被辜负。

这个时候，请想一想那些病者罢。

是的。他们连呼吸空气，都成为奢侈的事情，而我们把自由的呼吸抛掷脑后，为眼前的争夺忧心忡忡。

我们仿佛那救了金鱼的渔夫渔妇，渔妇一再地向金鱼提出要求，一再地对要求不满足，直到最后，海市蜃楼全部隐没，回身一看，不平的心只带来了原地踏步，一贫如洗。

困境里的人比我苦，我不敢抱怨，是为惜福。

而和顺利的人相比，我仍然不愿抱怨，是为知己不足。

看似顺利的人，只给我们看到了顺利的成果，并没有让我们看到他获得成果所付出的艰辛。他的艰辛，如同他的成果一样，都远远超出我的付

不平的心只带来了原地踏步，一贫如洗。

出。在我没有经历做炼钢的工人、棉纺厂的织布能手、修地球的农夫时，我就不能理解他们的成果、他们的顺利，来自更持久的磨砺。

而即便不是在这个常理中翻牌，有些人就是能够唾手可得，事半功倍，我仍然要守着本分，过好我自己的生命。每个人都有天赋，都有自己出彩的空间，尊重别人的美好，才能更加鞭策自己，向着美好去努力。

人人都在实践自己，经验生活，这个世间，没有更多的群众，只有独立完善的个体。不需要去比较，只需要历练自身。要想得到绝对的公平，就要塑造绝对的自己。

你做得足够好，就一定会看见光，看见亮，看见美好。

公道杯里的茶汤，浓淡均匀，抚慰的是不平的人心。那茶汤含在口舌之间，浸润肺腑心田，冷和暖却因人而异。不是茶不同，是人心异。

要想真正喝到相同的茶味，我们要做的，不是苛求茶师的手艺，而是修正自心的分别。当分别、比较、抱怨消除时，那茶的香、茶的暖、茶的公道自在，方能人人得享，人人自足。

这样的茶味，要时时品尝，不能轻忘。

送你三杯小苦丁

恒需隐秘有三种，隐秘自己之功德，隐秘他人之过失，隐秘未来之计划。

有人爱喝小苦丁么？

应该很少吧。

小苦丁长得很美，小叶，绿得沁亮。水泡下去，杯中风景立即活泼生动，那绿影婆娑的嫩叶子让人不由地生出爱怜。但小苦丁的味道却不像她的样貌那样怡人。她的味道孤寒，冷冽中带着一丝清苦。她有时候被做成标本，放在橱窗和柜台上，成为招徕人们驻足的幌子，但若有人因为怜其貌美而停留，她就把莲心的苦显露出来，令人仓皇出逃。

她的苦，和她的美，那么决绝地捆绑在一起，让更愿意蒙昧些度日的人们望而生畏。

我知道你不喜欢小苦丁。

我知道你，是因为你我同心。

我非异人，和你一样喜欢美味佳肴，趋乐避苦。我们的味蕾在一个模槽里被制成，你有的感受，我都有。但我今天，却想邀你，在这午后的静默时分，一起来喝小苦丁。让我们因追逐甜美而麻木掉的味觉在这淡淡的苦中复苏，得以滋养。

第一杯：不睡

茶是怎么来的？

有一个传说，菩提达摩面壁九年，因久坐疲累，昏沉袭来，眼皮沉重，令清明发心遭到考验。菩提达摩恨自己不能控制这睡意，便割下眼皮，继续端坐。

那一双眼皮被扔在地里，长出了矮树。达摩祖师的弟子们，摘下矮树的叶子，泡制成水饮用，竟有提神醒脑之功。

菩提达摩是中国禅宗的初祖，后来禅寺几乎都有茶园。禅茶一味的说法更是广为流传。

因可醒神，修道的人多爱茶。

这个故事让我感触良多。喝到叶片细长的茶时，有时候也会联想到这个。心里不好受。达摩用极端的方法来对治本能里的睡意，看似静坐，却在内心的疆场上燃起了熊熊烈火。如果没有对自身的痛心疾首，没有对这个如牢笼的身体怀泣血般的爱恨，又怎么会这样做?

我爱我的身体，但我更爱自由。

为了寻到这个自由，不愿意昏沉的人们赴汤蹈火。

我知道，对于痛苦，并非所有的人都愿意思维，有人选择绕道而行，有人选择遗忘。

绕道而行，可以逃逸一时，但终有山穷水尽，窘迫对面的时候；而遗忘，更不可靠。只要没有失忆，枕际梦边，沉默的是肉身，沸腾的是心啊。

如果走进寺院里，会看见斋堂外和大殿里都有木鱼。斋堂外的木鱼做成长条形，是寺院的标志；大殿里的木鱼是团状，成为梵唱时的法器。唐代高僧怀海禅师在《敕修清规》中最早为木鱼命名：“木鱼，相传云，鱼昼夜常醒，刻木象形击之，所以警昏惰也。”

有民间的说法是，大事敲钟，小事敲鼓，无事敲木鱼。敲木鱼却是在无事的当下，时时刻刻、分分秒秒要用警醒的功。这个话被用在了很多场合，很多事情上。鱼睡觉时还睁着眼睛，人却不能。当——那声响徜徉开来，在你昏昏欲睡的心里泛起涟漪。昏沉贪睡的人儿啊，醒一醒啊。

为什么不睡？

不是要和本能作对。身体和自由本来就不是敌人。不睡，是为了对治嗜睡，是为了在习惯于昏沉后，修养出觉知的心。觉知并不是轻松的事。觉知的当下，未必能马上找到清晰的去路。觉知以后，感受到的痛苦远比昏沉时的麻木要来得深刻。我想那便是小苦丁之味了。

它让你醒过来。

但醒过来，并不意味着清明澄澈。它可能带来了品尝的酸苦，它让你在酸苦当中继续思维。

不睡，是挣脱藩篱的一种方法，它使无休止的流浪有了归宿的可能。但我也知道，不睡，真的是一件苦差。一个人从悬崖上跌落的瞬间，是幸福的，因为他迎合了重力；而一个人想从悬崖上振翅，那是多么地困难，他必须克服地球引力，克服空气阻力，借助各种手段，才能起飞。

跌落如同嗜睡，它符合本能，但容易沉溺，最终堕落；振翅如同不睡，它违反本能，但带人离开深渊。

有人说，为何不睡？日上三竿，一觉睡到自然醒，这是人生理想。

可殊不知，一觉睡到自然醒的通达自在，是经历了嗜睡的虚无、不睡的煎熬，才修来的啊。有那爱谈禅的，说公案、说话头，喜欢棒喝、喜欢行为不羁的，又怎能不知，禅的初祖达摩无言，面壁近十年，而禅的六祖惠能亦无言，混迹白衣数十年。

小苦丁美，但小苦丁也苦，锋芒和磨砺相生相随。这第一杯的苦，岂能疏忽？

第二杯：不开口

在山林里走路，经常会寻隐者而不遇。那柴扉茅篷里并非无人，你看，松针刚刚被雨水打湿，炉上陶罐里的残茶还有余温。他们自锁房门，离群索居，在墙壁上贴出“止语闭关”。

为什么不说话？为什么不能随意出入？

振翅如同不睡，它违反本能，但带人离开深渊。

怕什么？担心的又是什么？

好友学佛以后，一度经常欲言又止。我知他如同知己，笑问他是不是不讲是非就开不了口，因为言中心意，他抚掌大笑。

你看，如果我们信口开河，会发现我们经常打着八卦的旗号蜚短流长。我们传播的是好恶，是分别，是评判，我们把隐讳当做谈资，把伤痛用来曝光。我们总是以为在小圈子里可以保守一些秘密，但是殊不知脱口而出时，已经落入言诠。

华智仁波切曾作《自我教言》：恒需隐秘有三种，隐秘自己之功德，隐秘他人之过失，隐秘未来之计划。

我是他非，增长的是自恋和傲慢，对于品行的修养毫无裨益。而未来计划，不如行事默默。雷声大雨点小，终是虚荣。

不开口。不是说不再合理地运用开口，而是要在闭嘴后培养不妄语的妙德。不妄语是佛家五戒之一，作为和不杀生、不饮酒、不邪淫、不偷盗并列的戒行，它规范了我们的口德。

佛陀之所以把不妄语提高到基本戒律的层次上，可以想见妄语会带来多少灾害。

不妄语细分下来，包括不两舌、不绮语、不恶口、不妄言。不两舌，是不挑拨离间、搬弄是非；不绮语，是指不花言巧语、失去分寸；不恶口，是不骂人；不妄言，就是不说虚假浮夸的话。

检点每一条，我们都不敢说自己做到了。我们没有做到，也就因此生出凡夫的烦恼。病从口入，祸从口出。当我们对口舌的分寸不加内省和把持时，还不用等他人的批判，我们自己就问心不安了。更不要说唇枪舌剑，彼此伤害的事情了。

可能会有人说，清规戒律让修行的人去守吧。我倒要乐得自由。说话的人一定不曾喝过小苦丁。那清规戒律并不是为出家人准备的，它们是为拔刺而来——拔我们有可能伤人的刺，有可能与道相违的刺。在宗教里，被唤作了清规戒律；在生活中，被唤作操守。

啜饮小苦丁，味道由酸及苦，那浅尝深酌都令人如坐针毡。苦茶非美味，却蕴涵甚深良意。倘若不能口吐莲花，那么，停桡烟雨也是厚道本分。在津津乐道之前，默想一下不开口时的美妙，哪怕，回味一下小苦丁的谆谆良意，也是好的啊。

这第二杯的苦，权且思量!

第三杯：不照镜子

曾经在法莲师父那里小住。那时候师父出家未久，心里还是把她当做在家时的长辈。一觉醒来，忘却彼此，对师父脱口而出：师父，借您梳子一用!

师父说，我没有梳子。

我却反应不过来。

突然意识到以后，打自己都来不及。师父已经落发，要梳子有何用？

再看，也没有镜子。

不需要再揽镜自照，顾影自怜啦！我们从出生到现在，还不够自恋吗？因为自恋，所以欲壑难填；因为欲壑难填，所以背负的行李和标签日益沉重。

穷困的时候希望挣到糊口的钱，所以吃苦受累，不敢抱怨；有钱糊口了以后，希望能有余钱消费享受，于是衣橱和鞋柜一直在无休止地扩张，房子再大也会被各种物件填满。只有两只脚，却有上千双鞋的人也并非少数；有了消费的空间后，向往挥霍的心在蠢蠢欲动……一步一步，我们就是这样，从一无所有走到了满目繁华的尽头。我们仿佛那个渔夫的妻子，尽管从草房子搬到了宫殿，眼睛还是忍不住往上看，不懂得感恩，不懂得停止，更遑论回馈他人。

由此我看到舍弃凡俗生活的修道者，他们剃除了须发，不再梳头，不再照镜子，受了八戒之后，不涂抹香脂，他们的衣物，被佛陀规定为三衣：僧伽黎，是正装；郁多罗僧，于礼诵或听讲时穿；安陀会，即贴身衣。三衣不着七彩，以“坏色”制成，因其由不同布片拼凑而成，有如田陌，也被称为“田相衣”、“百衲衣”。三衣之少，为的是去繁就简；田陌之象，为的是滋养心胸；百衲之俭，为的是离染，离欲，离纷争。

我也看到在我们一天的饮食当中，果腹已被美食的名义侵蚀得面目全非。一睁开眼，早点，中饭，下午茶，晚餐，夜宵，零食……我们吃下了

摒弃了对繁华的追逐后，深邃悠远的天籁之音将会破空而来。

太多无法消化、不能吸收的东西，年纪轻轻的人，体检的时候竟会被发现“三高”。可我知道，修行的人，日中一食。在五观堂吃饭，要感恩，要知道饭是修道的资粮，要自忖德行是否当得起粮食的供养，要饮食有度，对美味不起贪念、对淡饭不起嗔心。这五种观想贯穿在吃饭当中，成为修行的功课之一。

是的。在我们的生活中，一切都在做加法，而在出家人那里，一切都在做减法。当需求被减少到维持生存的状况后，法心法喜如泉涌。

在红尘里，我们的欲望不被教导，我们对自己束手无策。在碰壁之后，不知道门在哪里。路错在哪里。那么，没有机缘亲眼目睹做减法的人的生活，若有机缘碰到小苦丁，请一定尝试着品一品茶的苦味。

小苦丁的苦，只是令刁钻已久的味觉不适，却苦心衷肠。摒弃了对繁华的追逐后，深邃悠远的天籁之音将会破空而来。

华佗有言：“苦茶久食益意思。”这第三杯的意思，不妨再品。

温润泡物语

最早听说温润泡，是因为喝乌龙茶。冲泡茶叶时，第一次注水入壶随即又倒掉，这短暂的过程被称为“温润泡”。那时不理解，觉得颇浪费。第一泡的茶水正香醇，就这么舍弃了？

仿佛看出我的吝惜，泡茶的人笑了。

他告诉我，第一道水浇下去，为的是让紧压卷曲的茶舒展开来，算是热身了。而茶叶在制作、运输环节上难免沾染尘垢，混有杂质，通过温润泡，也洗去了这些尘埃。

啊。原来是这样的道理。

热身，洗尘。

好像我们在初入口时，再安一道滤网，把那一路携来的风尘霜雨都洗涤干净。又好像打开窗户时，关上纱窗，让清风拂面，却令蚊蝇止步。

这个念头真真贴切，仿佛人生里那么多那么多的重负，在此刻，被劝导解下。

这让我想起母亲的一位朋友。她们离别多年后相见，她拉着母亲的手，讲她的经历。那昏天暗地、话锋绵密的黄昏，令我们全家记忆深刻。她的抱怨和控诉，让空气都变得暴戾。

一周以后，她又来了，重复了那个下午的一切。后来我们才知道，与她相熟的故友，因为她的思想重负都纷纷退避。伤痛因为牢记被夸大了，她完全浸淫在那个被损害的气场里不能自拔。母亲安慰她说，念念他人的好吧，不要只记得被他们辜负。但事实证明，旁观者虽清，但永远不能替代当事人。劝慰只是朋友在为你尽心。

唯独可叹的是，这伤害和痛苦，往往被人记了一辈子。伤害只是暂时的，而痛苦如影随形地跟了一生。

也曾遇到一个同修。生活中万般如意，唯有提到她和母亲的芥蒂时，有泪涟涟。每一次提及，仿佛触碰了一个开关，那个开关涌出的血和脓，令人不堪。

她不是我的亲生母亲。她曾经想杀我。她自恋。她……

也许是事实，也许是她的妄想。如果是事实，那么，永不抽身，永不

痛苦本不是你的，却因为不及时清空归零而产生了病。

宽恕，就是在对自己实施虐待；如果是妄想，那么这样的迫害，完全是一颗妄心在作怪，那，就要忏悔了。是什么样的纠葛在加注你身了呢？

还有一位好姑娘。年少时遭遇了爱的谎言。她单向地付出，悄无声息地忍耐，然后悲壮地从爱里隐匿了踪迹。十年来，也在人前欢笑，也可以伪装得若无其事。因为伤痛抗拒一切，所有言行都是出于逆反的本能。长期的自我惩罚中，好意被防范成了侮辱，幻觉成了安慰肉身的迷药，她假想自己是爱的烈士：我却要在人前给予喜乐，因为你给我的痛弥足珍贵。

温润泡。不知道在苦难里颠倒的人，是否听说过温润泡？

虽然也是茶水，却要毫不吝惜地倒掉。倒掉苦，倒掉涩，倒掉生活予

虽然也是茶水，却要毫不吝惜地倒掉。倒掉苦，倒掉涩，倒掉生活予你的苦和难。

你的苦和难。

温润泡。茶由此会变得柔和。

初之生涩，刚烈，如风霜。滚烫的水激发后，茶显露出温润样貌。

能不能不把风霜当珍宝啊，能不能把它空掉？

我这么轻声地问。心里却满满地都是对你的痛。

我们喝茶，却是要喝茶的香，茶的清淡，茶的心平意和。

如果连茶的尘土、污垢，也去留恋，那就是茶病啊。这泥沙俱下的生活，不止是晴空朗照，阴霾奔涌、大雨倾盆依然是惯见风景。伤害加身的时候，若不懂得抽身反观，那么，躲闪避让也是生存之道。那些不避让的人，恐怕是真的中毒了。毒也会带来快感，但，快感是幻觉，就像是吸毒的人，他清醒的时候也会痛恨那些毒品，但当他的毒瘾发作时，只有那些毒素能给予他慰藉。他虐成了自虐，自虐成了习惯，而习惯令我们感到安全。尽管火宅外的好心人跳着脚呼喊，但屋中的人却不知凶险地露出了诡异的微笑。于是，循环往复；于是，堕落沉沦。

你不觉得害怕么?

如果有一天，你已经再也听不懂这些话?

佛陀在《法华经》里曾做过三界火宅的譬喻。他说，如同慈父，亲见大厦将倾，为了让火海危房中的孩子们逃命出离，他许诺给孩子们满愿，糖果马车，应有尽有。于是，那些幼子纷纷逃脱，这时，房子摧枯拉朽地轰然倒塌。

佛陀是乐观主义者，他怀着极大的耐心和爱心，动脑筋帮助那些执迷不悟的人。

再去看《出埃及记》。先知摩西带领以色列人流亡，只要一遇上难题，以色列人就会抱怨，还不如回去给法老做奴隶！还不如死在法老的手里！毕竟那时候我们坐在肉锅旁，吃得饱足。这也是整个人类的折射，不单指什么以色列人。

只要能在惰性和习惯里生存，一切改变都是奢谈。

宁可在奴隶的命运里吃顿饱饭，也不愿意为了自由而忍受一时的饥饿。

不知道摩西屡屡看到人的劣根和人的堕落冲动，会不会产生道德焦虑感。反正，曾经以道德焦虑著称的波兰导演基耶斯洛夫斯基，就已经在盛年弃尘而去，再无留恋和忧虑。

这让我再度体会温润泡。

迷的人放不下苦难，劝的人放不下焦虑。

焦虑也是毒，也是尘垢。

想想看，如果一个倾听的人，怀揣悲心，感同身受，那么也会病倒。佛教里有句话，叫做“替众生背业”。痛苦本不是你的，却因为不及时清空归零而产生了病。

那些听人心事的神甫、和尚和心理咨询师，都须有强大的心理素质。若不能指点迷津，若不能了无挂碍，很容易因为恻隐而动心、挂怀，被苦难暗示，被烦恼上身。

师父有句话说得好，闻人说苦，不做苦的垃圾桶，要做苦的焚化炉。不仅帮别人打扫卫生，自己也不能被染污。焦虑，不就是染污了吗？

佛教里说缘起性空。这缘起性空的道理很深。万事皆为因缘法，法不孤起，必仗缘生，一切都是因缘和合而成。万物都是普遍联系在一起，互相依存的。但因缘和合而成的是假有，其中的本性是空性。没有一个实在的相在那里起作用。懂得空性，就能够在慈悲的时候，发光放热，而不留恋这慈悲，也不期望慈悲的效果。所谓，事来时，人人是亲人，事去时，人人不相干。你能帮多少，就帮多少，帮不了，你要无挂无碍地走。

焦虑的行者，也是迷的人。

他的迷惘，来自对世间无望的责任感。而这个责任，如同不被接受的爱情，是一样的虚荣。那些拯救和劝导的忧虑，也是第一泡开水要荡涤掉的杂质。

心怀明月，身如琉璃。喝茶喝到通体透明，心意单纯，那些苦难和伤害，那些悲悯和忧虑，才能逐渐被过滤掉。

试问，设若听说了温润泡，可以过滤掉你的所累，沉湎的人啊，难道还不来赴约喝茶吗？

邀月光入茶

秋日暖阳真好，明丽而洁净。坐在蒲团前，我给自己泡了一杯茶。

痴坐在阳光里，听着莱昂纳多·科恩安慰人心的男低音，觉得自己的心神都要醉了。莱昂纳多·科恩，来自蒙特利尔的歌者，身份在诗人、摇滚歌手、愤世嫉俗的浪子之间游荡，曾经在电影《天生杀人狂》里唱出碎人心魄的主题曲《Waiting For The Miracle》。中年后，远离女色和毒品，去了南加州Baldy修道院里修行，起了新名字Jikan（意思是沉默的一个），主要的工作是冥想，以及给他的老师做饭。

我喜欢他的声线，低沉，沧桑，却又举重若轻，有一种参透世事的俏皮。

昨夜，有人买醉。我因为受持不饮酒戒，没有感染上那份豪情，和豪情背后的伤感。听到姐姐和别人说，每次喝了酒，都伤心，觉得人生里有那么多的缺憾，那么多的心愿都无望实现。我默不作声，心中却疼痛。

我不愿意再喝酒，却也是因为伤感。曾经的酩酊之中，自怜自伤到了极致。

人生不如意事常八九，可与人言无两三。貌似温暖的景象里，总有寒冷消息。像今日，节气便唤作霜降。

试问：令我们如意的事情又是些什么？

是人前荣光，是圆满的爱，是不离不弃，是尽享天伦？抑或，在万事俱备时，东风恰好途径？抑或，树欲静而风止，子欲养而亲在？抑或将遇良材，英雄会师，恩爱见面……？

而这些，却不能悉数实现。

心愿于每一个人，总是在此处圆满时，便在他处留下了缺口。

几乎没有一个人敢说，就是我，所有的心愿都得偿，都心甘情愿地满足了。

我不愿意说心愿实现不了的时候，我们就该去妥协。

妥协是不情不愿的，是被迫的，是放低了身段，强忍了泪的无奈。

但如果要是能调整一下自己，会好些。

我们能要求外缘吗？能把期望寄托在他人、外力和环境上么？

却不能。

不是有词语叫做呼天抢地么？还有首歌唱“上帝他保持一贯的沉默”？

要求旁人，终究不可靠。

而又是谁在说时光似白驹过隙，谁在叹逝者如斯夫啊！

那唱歌的莱昂纳多浪迹了一辈子，中年以后开始回归内心的神明。他能觉今是而昨非，是他有这样的福报——终能等到自己悔改的这一天，然后屠刀放下，迷药抛却，浪子成圣徒。

而我们，敢说自己有这样的福报么？

以前，看见老者恻隐多于艳羡。及至后来，发现少年掉队，竟是人间

把自己变小，变无，牛角也能化为大天地。

常事。黄粱梦短暂，南柯游恍然。如果我们来不及醒，就要退席，那么朝未及闻道，夕却来临，仅有的一日光阴却只用来自怜自伤了，这样的苍白生命该是多么令人惋叹啊。

再来设问：

如果我们就是那个被迫戴上紧箍咒的猴子，唐僧念咒的时候，疼就是唯一的感受，那么，我们怎么办？

如果我们就是那个海的女儿，为了像人类一样，有一双美腿能在王子面前起舞，唯有承担不能发声的诅咒，我们怎么办？

又如果我们就是被投入牢房的曼德拉，需要有18年的时间来考验耐心和信念，我们又该怎么办？

或许，我们的命运，从来没有像童话和传奇那么极端，但我们也一样在经受疼痛。

临渊羡鱼，不如退而结网。感怀伤世，亦不如退而结网。

结网，倒不是消磨时光，恰恰是为未来准备，也打掉永远不能扭转现实的一些妄想。

唯有做点什么，才会产生实际的反弹。

钻进牛角尖的人，往往走投无路。虚妄、偏执，无作为，陷入一己之痛，痛不欲生。我却听闻有禅师，钻进牛角，自得其乐，悠哉游哉。人问他里面方圆如何？禅师言道，天地契阔，任其逍遥。再问怎么能得大天地？禅师一语道破玄妙：把自己变小，变无，牛角也能化为大天地。

当小我疼痛被执著、被放大的时候，天地因之失色，夏至也会霜降。若买醉，更是酒入愁肠，无济于事。这样的伤口，因为不肯让它痊愈，所以也一直不能痊愈。

想那针掉进水里，坚硬固执，针是针，水是水，永无融合的可能。而盐入水，却打开怀抱，释放所有。虽不见了自己，水却咸了。我们不可能改变的，也许是掉进水里的这个命运，但到底是做一根疼痛的针，还是做一把柔和的盐，自主权却在掌握。

秋意寒凉，不抱怨，莫伤怀，却要懂得加衣添柴，好自珍重。在这夜的清辉里，我邀月光入茶，来温暖伤痕，来解开烦忧。

吃茶，珍重，歇

喝茶的人都知道一个公案，就是赵州和尚的一句禅语，吃茶去！

无论什么人来问法，问的内容如何，和尚都是这一句话，吃茶去！

人们津津乐道着禅宗的许多话头，参究的，了悟的，似是而非的，什么反应都有。

这让我想起百丈道恒禅师的一个类似的故事，也与喝茶有些关系，若人来问法，他答三个词：吃茶！珍重。歇！

这三个词并非同时用，而是分别说的。

有时候答你一句：吃茶！

有时候笑脸望向你，意味深长地说：珍重。

有时候干脆冷了颜色，喝道：歇！

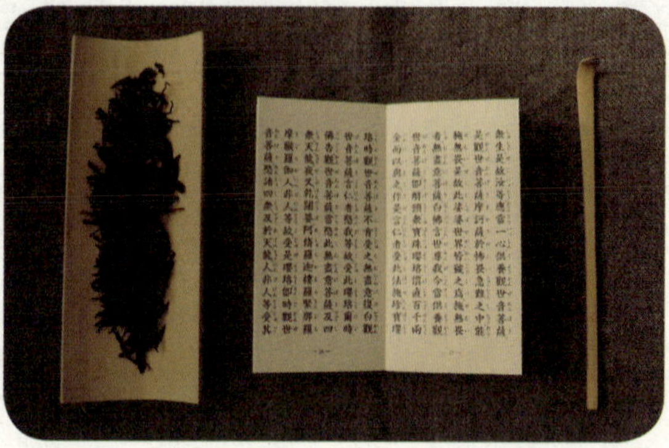

是谁，带着什么样的烦恼来。期期艾艾地问。大惑不解地听。然后禅师说了这三句话。

我不能想见，那是怎样的景遇。是谁，带着什么样的烦恼来。期期艾艾地问。大惑不解地听。然后禅师说了这三句话。

我也不能揣测，那问的人，疑惑是否能当机立断，是否宝山寻宝终不得，是否骑驴找驴空烦恼。他的心田，是否能有缝隙，令这三句珠玑般的甘露浸润开来，是否能因为这密意，这嘱托，这棒喝，而混沌初开。

吃茶！

不直接回答你。你问得具体，他却指东打西。你问得特指，他却万法归一。

你有的是八万四千个细密的烦忧，他却只给出一个药方。

顾左右而言他，隔山来震虎。为什么？为什么禅师不直接回答你？

几个甚深含义。第一，打掉你对问题的过分关注，帮助你卸下缠缚的绳索。其实已经在暗示指明，你已经在牛角里了，快点出来！

第二，看当下。当下，是要吃茶，那么把这个或散乱或过于用力的心放下来，六根都回转到当下，对当下体察，念念分明。

第三，特指的问题是假问题，所有的真相都含藏在吃茶这个行为里。这个行为，让我们转移对是非的执著，让我们的心念从缠缚的那个事相上解脱。这里面有劝告，也有命令，还有很多没有说出来的道理。

是什么道理没有被长篇大论地说出来？

这就需要每个人自己品了。你的那个细密的烦忧是什么？请君入瓮，来对照吧。

我自己能警戒的，倒是一样——对所谓“是”的执著。

在很多烦恼里，其中一条是“是非观念分明”。这看起来像是褒义词。不辨是非，那不是很愚痴吗？没错，是很愚痴。然而，没有换位、换角度，常常自以为是，观他人非的是非观念，却是大颠倒。

不明白事理的不辨是非值得同情。那和懂得是非、放下是非，完全是两个境界。混沌糊涂，并不等同于内心清明却不执取，那是蒙昧。

自以为明白事理，却为这个“明白”所耽误，也值得同情。

当一个人能够自觉地离开染污，这是进步；但如果执取洁净，以所谓洁净来呵斥染污，甚或耽着洁净，那么，洁癖也是病，法执也是执著。

当给自己套上“护法”的红袖箍时，一样要问，你究竟解脱了吗？真的离开洁净如同离开染污了吗？真的能把呵斥和慈悲等同一观了吗？

如果你回答不上来，你不敢确认，那么，请警惕，你那个护法的红袖箍，有可能正是绑在你身上的绳子。你沾沾自喜的时候，已经不自由，已经有所住，已经被缠缚。

在觉者面前，一个堕落在五盖（贪嗔痴慢疑）里面的凡夫，和一个住在法执里傲慢得意的修行人，没有任何区别。他们的痛苦都是一样的，都是怀有一颗不离开的贪住之心，并且对贪住毫无知觉。

吃茶罢！安宁的晌午，有磬声幽幽传来。那声音在空气中泛起微浪涟漪，一圈一圈，荡涤迷情。你身上有绳子么？请低头，好好地看一看。

珍重。

这一句却让我隔着千年，要落下泪来。

吃茶罢！安宁的晌午，有磬声幽幽传来。你身上有绳子么？请低头，好好地看一看。

红颜白骨，虽千万世，我奔赴。

这奔赴这么久，来来回回、反反复复，却还昏昧，却还怔忪，却还痛悔，却还盲聋喑哑。

我们生而为人，除了跟着本能走，有过觉察和反动吗？

或者，我们有了一些小进步，进得殿堂，是否就又在沉香和响磬中迷失了呢？

静水流深。要看护好心门。

一点小闪失，就祸从口出。仅仅三寸不烂之舌，修得好，就灿莲花，修得差，就吐白沫。

更不要说其他。

一句“佛子”，重如千钧。一句“师父”，情同父子。

当得起么？行得端么？配得上这些殷殷的目光和心么？

如果在你的修为里，贪仍见长，嗔不见消，痴还在逍遥，请你不要再冠以佛子名号招摇；如果在你的人事处置上，仍然私心，仍然比较分别，仍然悭吝嫉妒，仍然昏沉掉举，仍然甚少起惭愧心，那么也请你，慎用你学佛的名义。

好自珍重了，诸君！

求法的路，不是炫耀的路，它是实践的路。那炫耀的，终将委顿；华而不实，早晚会被揭穿；而若沉迷纸上谈兵，必兰因絮果，毫无进益。

再说珍重。是因为你借助修道的这个肉身，若稳步前行，它供你给养资粮；若放浪形骸，它一样会是你毁灭堕落的声色场。

天光暗了，我盲；天光亮了，我依旧盲。

盲龟漂流海上，一根浮木上有孔。龟能搭上那浮木上的孔，就是我们听闻善法的因缘。这因缘，这么稀有，这么历经风浪，这么远山远水地跋涉来，我们却大意了。那该是怎样的辜负！

所以，师父便那么深切，那么悲悯，那么信任地嘱咐你了：

珍重。

有谁听见了吗？

却要说歇！

这歇字一定是要呼喝出来的，一定是要加感叹号的。它是冲出胸腔的一个声音，带着不允许犹豫、不允许四顾、不允许妄想纷飞的果决，仿佛投掷给我们的一粒坚果。

那坚果是森林里的刺猬，扎着我们的血肉，有密密的痛感。

你会惺然转醒。是什么？是什么砸了过来？！

在傲慢、执取、谄曲、妒火中烧、恨意难平、夸夸其谈的情状里，有人呼喝，歇！

你说你爱，但你的爱却这么辛苦狼狈，没有进退，失去尊严，战战兢兢，徒受折磨。

你说你付出，但你却不甘心，放不下，记挂，需求，斤斤计较，辗转反侧。

你说你谦卑，但你却不能倾听，不能把谦卑化成自己真实的品性，不能真正地起大悲悯心来垂顾和帮扶，比起倾听，你更爱倾诉。

你说你会随喜，但你巧立了沉默、回避、建议、针砭和欲说还休的种种名目，泄露了你不随顺、不平安、不喜乐的蛛丝马迹。

你说你会原谅，但你还是抚摸伤口，不能安宁。你自爱，还是远远超过爱人。原谅是你的愿望，但你一直没能很好地实现。

你说你会实践大义，但你高谈阔论天下的时候多，屋中尘垢仍乏力清扫。

这时候，有人呼喝：歇！

请停下来。止，观！

再看一看，忖度一下你狂乱的情和境。

五十步和百步，都是在路上，只有钝利之分，没有觉与不觉之别。盲和白内障，聋和幻听，身体残废和智商低下，大家半斤八两，不要再蜚短流长了，请重新掂量自己的位置。如果你颠倒，切莫摆起自欺欺人的脸孔教诲他人安详。先把自己的狂妄打掉是要紧。

狂心歇下见菩提。歇下没有？

若没有，吃茶！珍重。歇！

万籁俱寂，茶声鼎沸

我们现在喝茶用的水，省事的直接从暖壶里倒，稍微规矩些的由电壶来烧。

看古人煮茶，谈到声音时，有许多的妙趣——

其沸，如鱼目，微有声，为一沸；缘边如涌泉连珠，为二沸；腾波鼓浪，为三沸。已上，水老，不可食也。

虽然自己一直在学茶，但迄今为止，还没有观礼过这种煮茶的场面。

不过，说到茶声，却是有些体会的。忙乱的时候，泡的是绿茶，要待客，要交游，高谈阔论，声嚣尘上。那个时候，莫说茶声，连茶味如何，也是不觉的。

爱茶的古人张源曾言，饮茶以客少为贵，众则

那些觉悟了的人，他们开口，就是雷霆，沉默，就是安祥。

喧，喧则雅趣乏矣。独啜曰幽，二客曰胜，三四曰趣，五六曰泛，七八曰施。张源说得精妙，我的大白话则是，一个人喝茶，是品，两个人喝茶，是饮，一群人喝茶，那就叫做喝。

倒不是刻意地要把这喝茶事捧得金贵起来，也非玩笑众人参与的心。这就好像我们聚众时，六根容易散乱，而独处时，心境能够相对安稳一些。茶味本来就淡，如果外务繁华，那么淡泊很容易变成虚无，别说要尝出深浅，就连颜色是什么，都未见得能说出一二。味道尚如此，更遑论茶声。

憨山大师曾经坐于木架桥上打坐，都摄六根于一根——耳根，初听得磅礴水声不绝于耳，再听为涓涓脉脉，再听为针尖落地，直听到万籁俱寂，而最后动念才有听觉，不动念则坐而忘身。

开始喝茶后，渐渐明白了大师的一些意境。

远离尘嚣，是为了锻炼出于尘嚣中行走，如入无人之境的心胸。心胸

且住言声，你听那茶，如同瀑布泻落。

不是知理就能宽广，那是先要有对治的方法，先离开狭隘的境界，滋养出宽广的心田，再来破境。

且住言声，你听那茶，如同瀑布泻落。如果入静敛神，平日里听不见的松涛汹涌、风声鹤唳，甚至云雾吞吐，就都在这一碗茶里层叠发声了。

一杯茶，只要你不再心猿意马，你就已经心神逍遥，车行羊肠。

那泥土的潮湿，露珠的晶莹和枝桠间照耀的微光，就在闭目、静心、倾听的刹那一一浮现。

那份安闲惬意，唯有放下攀附因缘的心，关闭颠倒的门，摒弃虚荣，忽略一切陪衬，遥远山林里的茶声方能幽幽轰传。

这也让我想起韦尔乔笔下的蝌蚪。韦尔乔是哈尔滨的一个医生，他因为在处方笺上画画而声名遐迩。他的画里经常会出现蝌蚪。蝌蚪那么微小，它摆动身体而掀起的涟漪，它的卑微的生命力，因为韦尔乔的安静，都被倾听到了。那蝌蚪有些神性，因为它并不在水中，或者某个确定的所指，它是韦尔乔内心里的生物。它是那种能辨认一根掉在尘埃里的发丝的安静。这种安静将微小的生动荡漾开来。

人们为什么会喜欢韦尔乔的画儿？我想，是因为他独自忠实地倾听了自己内心深处的声音，这个声音里有恐惧，有想象，有朴素的童心，也有深邃的思索。虽然这声音来自个人的体验，但它跳动了最大多数人不曾言说却内心完具的脉搏。

他独有，是因为他实践了。而很多人虽然完具，却懒得上路。

翻开《普贤菩萨行愿品》。菩萨发了十大愿，他没有空许诺言，而是即愿即行，即行即愿。仿佛饮茶，听闻茶声，一步一步，与寂静万籁契合。

想起最近两年，不再去山里寻访的心境。

在不了解倾听之道的时候寻访，在目睹倾听后止步。止步不是自己不走，而是不再出去扰人。

看见了安静，看见了真修实干，一次振聋发聩的寻访已经足够了。如果频繁地去，就是攀缘。靠别人的笃实修行能来加持自己吗？不能。别人永远是别人，你永远是你，你不起步，永远不会有人代替你起步。

也唯有这时，我才收敛了眼光，发现了我的蜗居是这么地好。蜗居不大，但如果请息交以绝游，那么闭门即是关房。

如果我愿意，我立即就可以开始法旅，开始每日定课。

如果我发心，我在这个关房里的点点修持一样会给自己、给别人带来益处。

呵呵。法味深浅，独自体会。如鱼饮水，冷暖自知。想想那些觉悟了的人，他们开口，就是雷霆，沉默，就是安祥。

诤讼、诽谤、机关、嗔恼和嫉恨，这些世间的冷箭，于他们，失去了所有的作用。

每每看到那些茅屋外张贴的“闭关止语”和“恕不待客”，我就有汗涔涔。

同样的人，已经有人发了勇猛心披荆斩棘地走了，我们还在东闻西嗅，彷徨懈怠。

这个时候，放下所有的相机、摄像机和笔，捆绑住蠢蠢欲动的口舌，请带着内心的风暴毅然转身吧。回去，回到你不耐烦、视而不见的家里去吧。回去，回到你一直试图用污浊不堪来标签的净土里去吧。

你得到了机要，那么接下来的事情，就是负使命而行；你拿到了药，那么，请按医嘱定期服用；你看见过美好，那么，请你自己实践美好。

若要契合，不能望梅止渴，只有亲身行于道中，才不辜负所有的茶人端给我们解渴的那杯甘甜的水。

茶汤鼎沸后的声音，是什么？竟然唤作嘶哑。

看见嘶哑这个词语。更加感佩古人造词的用心。初有声，声渐大，声至鼎沸，乃至嘶哑。

这茶声也在警戒我们哩。嘶声近于哑，声嘶力竭，竟近于没有开口！怎能不警醒自己？怎能不引以为鉴？怎能再扶摇外相而不检点道路？

不该我们操心的事情，以及我们以为端正的借口托词，请都放下。听鸟说甚？问花笑谁？不相干的人事，到此为止罢！

却听得“酾不宜早，饮不宜迟。酾早则茶神未发，饮迟则妙馥先消”。[1]正是正是。诸君，新鲜的茶汤刚出炉，若想饮得隽永之味，闻得细腻茶声，且止喧哗。

① 此句出自明代张源的《茶录》，意为倒茶的时候不应太早，过早的话，茶的神韵还未激发出来；喝的时候，不能太迟，太迟的话，茶的香气就已经散尽。

新茗似冰心

收拾茶柜，发现去年的绿茶——赵州禅茶，大和尚送的，还剩下两杯的量，因为藏匿在柜子的最深处，忘记了喝。

记得当初刚刚捧得这茶，清香四溢，有些似龙井的口感，却比龙井更为灵秀。

隔了年看，许是开封后与空气作用，叶片略微黄了，一道水浇下去，隐约还有茶香，但汤色已明显晦暗。非茶不好，是我不懂存放之道。

而再好的茶，除非普洱，都是要喝新茶的。

明前，谷雨时分，中秋后，都是新茶采摘和上市的时节。正当其时，茶新鲜，味醇厚，汤色明亮。

在我不留意茶的时候，我是不知道新茶和旧茶有这么大的差别的。家里虽然也买茶，但因为不懂，还

付出的当下怀揣的是一颗冰心，那么好，付出之后，天心月圆。

曾经送了旧茶给朋友，朋友告诉我茶叶放得太久啦！自己也不觉得惭愧。不懂嘛。现在慢慢地品出了旧茶的苦涩，才知道当初的无愧是多么地令人汗颜！

母亲曾经告诫我，如果送给别人礼物，总是要送好东西。越是自己爱不释手的，恭恭敬敬送出去，才对得住自己的这颗心。如果有礼物，自己先挑了喜欢的，把不喜欢的送人，即便别人喜爱那送来的礼物，自己这一关也是过不去的。别人可以不知道你事先的比量，但你自己知道，老天也知道。

妈妈的话，很重要。但凡我们要送出去的，莫不应是全心全意，设身处地地为对方想过，他，或她，应该会喜欢。即便审美的意趣会有出入，但这颗恭敬的心别人总能体察。而即便美意不被体察，自己是问心无愧的。有时候，也会冷不丁收到别人送的礼物，发现是快要过期的食品，或者是百无一用，为别人淘汰的物件。出于礼貌，我笑得勉强，如骨鲠在喉。怎么和你说呢，我的朋友？

刚开始学佛的时候，看到六度里面讲布施波罗密。波罗密，是到彼岸的意思。就是说有六种离开烦恼的此岸，抵达智慧明澈的彼岸的方法。而布施就是其中的一种。布施有财布施，就是钱财的施舍；有法布施，佛法智慧的布施；还有无畏布施，就是帮助别人远离恐惧境地。三种布施，都是为了调伏我们的悭吝之心。有了好东西，你能放下这个执著和占据的心，布施出去么？

我们在家里收藏了珍爱，在手心里攥紧了财富，搬家的时候，我们的行李越来越多，成为我们不舍的负累。我们扔掉的总是那些被私心比较过

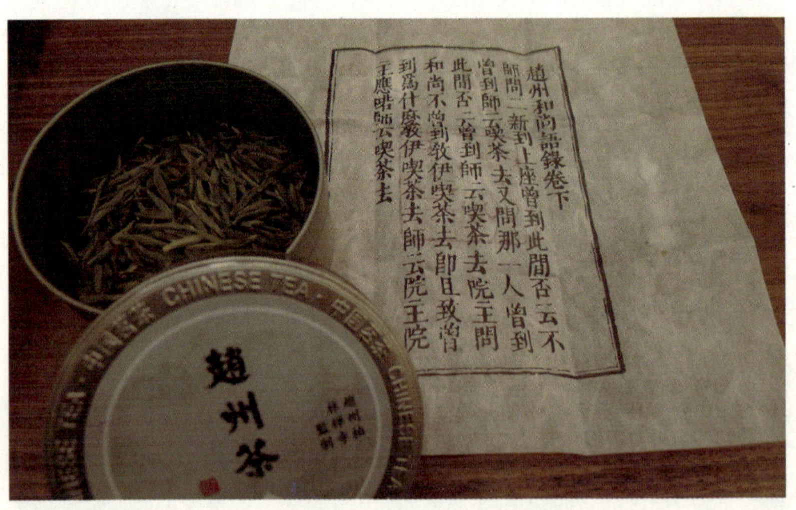

一颗有保留的心，一定会传达到那个接受的人。

后为我们所不喜的，而这些东西有时还会被贴上“馈赠”的标签，成为他人的鸡肋。殊不知，一颗有保留的心，一定会传达到那个接受的人。也许他会沉默，但你们的情意在此刻已经悄悄打了折扣。而试想，人生百年，在你离开这人间的时候，你不舍的，又有哪一样归属你、随你而去呢？

有很多时候，就是因为这么一丁点自私，我们会在无知中失去分享的美好、布施的快乐，会对自己遭遇的友情的疏远、荆棘之路的漫长，甚至生活的窘迫感到莫名其妙。而实际上，不用去找旁的缘由，单看自己是否也曾吝啬，也曾私心，也曾己所不欲而施于人了呢？

《圣经》上说，向空中吐痰，那痰是会落在自己头上的。

佛家也这么说，那诽谤的人终将被诽谤，吝啬的人终将遇见局促的命运。万事都有因果的啊。

布施的困难和布施时的拣择，都会使自己的品格受到质问。那个质问并不来自神灵，而是来自良心。

而我想说的其实还有一个，就是不住相布施。什么是不住相布施？就是你布施的时候，不为自己的布施洋洋得意，不期待、不计较受施的人的任何态度，不为人知，不求人知，并且，这个不住相是发自内心，而非强迫。

这个好难啊。默默无闻的美德总是被传颂，但我们的心，做了好事就希望被夸奖，有了成绩就希望被承认，更不要说被冷落、甚至被误解时的委屈愤懑了。其实，人有期待不是错，但期待大过了自己安稳的心，就会有问题。如同欲望，欲望在合适的范围，是前进的动力，但若放任肆虐，就是灾难。

有一次听如瑞师父讲《金刚经》。

师父说，有一年，她特别特别累，觉得自己怎么要干那么多事情！要教学，还要建设庙宇，自己也要修行……后来，她去香港，见到老和尚。老和尚却问她，背得《金刚经》么？师父说背得。老和尚问，那句“须菩提，若菩萨有我相、人相、众生相、寿者相，即非菩萨”可记得？师父答说记得。老和尚肃然，既然记得，那么怎么会累？

如瑞师父说，当时的感觉就是洪钟开启，一声棒喝。

如果不是有自己和他人的分别，哪里有教书的先生和听课的学子？如果不是因为有对施舍的看重，哪里会有对接受的人的期冀？如果不是因为住在欲望里不知出离，哪里会有沉溺和挣扎？累，是因为住，住即是执著、缠绕和不离开。

不住相布施，就是不住施者相、不住受者相、不住布施的事相。三者都不住，就是无挂碍地付出。付出的当下怀揣的是一颗冰心，那么好，付出之后，天心月圆。

世界喧哗，或赞或辱，皆为虚空。

信马由缰地想到布施波罗密，都是因为喝到了旧茶，想起自己曾送旧茶予人而起了羞惭之心。

中秋过后，铁观音的秋茶就上市了。今年，我要好好地装上几包，送给你分享。

我学习得慢，但愿意学习到善，愿这善，能给我们带来喜乐，淬炼出如新茗一样芬芳的冰心。

琴瑟琵琶，妙指而发

如何是通？明眼人落井。如何是吹毛剑？珊瑚枝枝撑着月。如何是提婆宗？银碗里盛雪。

喝茶的人都会讲究这泡茶的水。最早自己还觉得有些矫情，平常的茶叶，怎么这么金贵，一定要上好的水来相衬？所以在开始喝茶的时候，还是老样子，煮开自来水，就照猫画虎地来泡茶。及至一日，在一个相熟的茶店里，茶艺师给我泡了同样的茶，不经心地饮下，却尝出了自己从来没有泡出的浓冽幽香。那香气仿佛是一柄宝剑，偶露寒光，便光芒逼迫，令我惊讶不已。于是赶忙请教高人，茶艺师耐心地问我，泡茶时的方法、手段，后来问到水，方找出病根——我的水，太过粗糙了。

其实，我也知道，北京的自来水含氯偏高，即便不喝茶，喝煮开的白水，有时候也有一点怪味道。而自来水的水质也是比较硬的——家里厨房的用水尽管安了净水器，但水煮开以后，茶壶里总是三两天就布满了水垢水碱。我想忽略掉对水的关注，却发现这是自己骗自己。

既然不能避开，只好依法而行。

我兴师动众地买了饮水机，又订了桶装纯净水。（学习喝茶，经常令我感到羞愧——因为无论是茶，抑或是泡茶的水，确实是要有一些讲究的。而像我这样习惯了荆钗布衣装扮的人，突然手捧翠玉，襟怀宝珠，实在是有些罪恶感啊。）

纯净水烧开以后，再用心来泡，果然茶味深切。对比矿泉水，感觉还是纯净水好一些。矿泉水，因为有其他矿物质的含藏，还是会觉得水有些硬。

想自己以往喝水，囫囵吞作牛马饮，现如今竟也能发现损半的茶味源自水质，那水到底是衬出了茶的好，还是消解了茶的味，一尝就能知道，这不能不说是一个进步。

《楞严经》里说："譬如琴瑟琵琶，虽有妙音，若无妙指，终不能发。"妙指之于乐器，正如好水之于茶。那"精茗蕴香，借水而发"（引

《楞严经》里说："譬如琴瑟琵琶，虽有妙音，若无妙指，终不能发。"妙指之于乐器，正如好水之于茶。

自明朝许次纾的《茶疏》），说的正是这个道理。

在我的印象中，史上辨认水比较厉害的有三个人。

陆羽首当其冲。他被尊为茶圣，不仅是因为他对茶的灵气敏感有如天赋，也是因为他那鉴别能力高超的舌根，为世人分出了泡茶之水的优劣。在陆羽所著的《茶经》中，他就说："其水，用山水上，江水中，井水下。其山水，拣乳泉石池漫流者上，其瀑涌湍濑勿食之，久食令人有颈疾。又多别流于山谷者，澄浸不泄，自火天至霜郊（降）以前，或潜龙蓄毒于其间。饮者可决之，以流其恶，使新泉涓涓然，酌之。其江水，取去人远者，井水取汲多者。"

陆羽认为山中乳泉、江中清流为最佳。而死潭腐水，容易滋生细菌毒虫，不宜饮用。在江边汲水，也要去人烟少的地方，这样污染会少一些。

我们现在的生活条件虽然比起旧时好了些，但对环境的污染却又严重许多。真正能寻访到如茶圣所说的乳泉清流，已不容易。

第二个人，当推收养陆羽的和尚智积禅师。陆羽刚出生时，便被父母遗弃在河边，智积禅师晨起听得阵阵雁叫，循声走进芦苇深处，看见大雁羽翼下的弃婴。禅师以《周易》占卜，得语："鸿渐于陆，其羽可用为仪。"由此孤儿得名陆羽，字鸿渐。在寺中，陆羽学得了识字，也学会了烹茶。虽貌丑口吃，但因收养之恩，他对禅师有如父母。禅师平时喝的茶，也都是陆羽亲手烹煮。后来陆羽离开寺庙，云游天下，智积禅师竟罢茶不饮，颇有番曾经沧海难为水的架势。唐代宗得知后，以之为奇，请来禅师，命宫中最会烹茶的宫女煮茶给他喝，谎称是陆羽所泡，禅师饮过一口后就放下了杯子。于是，代宗又请陆羽来烹，及茶入口，老和尚落泪感慨：这茶水，仿佛鸿渐煮的啊。代宗不得不深为感叹。这样的辨认，来自熟知印心，也来自多年的恩情。禅师圆寂后，陆羽曾作诗云："不羡白玉盏，不羡黄金垒，亦不羡朝入省，亦不羡暮入台，千羡万羡西江水，曾向竟陵城下来。"万般虚荣，不如品茶访水，这既是茶圣对师父操行的悼念，也可以看做是他的自况。其中恩义，都在那一认当中深藏。

第三个人，我选王安石。

王安石年老后患有痰火之症，吃了很多药，都不见好转。后来，太医建议他饮用阳羡茶试一试，并叮嘱一定要用长江瞿塘中峡的水来煎烹。于是，王安石便托苏东坡返回家乡时，顺便带上一瓮来。后来东坡果然把水送来。王安石马上煮茶，半晌后，茶色彰显。王安石问：“此水何来？”东坡答曰：“巫峡。”王安石又问：“是中峡吗？”东坡回说：“正是啊。”王安石却笑了：“这是下峡的水，怎么借名中峡呢？“苏东坡汗颜不已，只好据实以告。原来，东坡被三峡的一路秀色吸引，船到下峡时，才想起被托之事。水流湍急，逆流而上已经来不及了，只好取一瓮下峡水充之，却不料被王安石辨认出来。王安石的道理来自《水经注》。那上面对瞿塘水性有记载，说上峡水性太急，下峡太缓，唯中峡缓急参半。用这样的水来烹阳羡茶，上峡味浓，下峡味淡，中峡恰在浓淡之间。而如今烹茶，茶色半晌方显，由此可知是淡水久煮，方能显色。苏东坡由此大为折服。

记起中学时候学过《卖油翁》，那卖油的老汉将油瓶上置孔方兄，油自铜钱口、瓶口而入，却不沾铜钱。别人连连称赞，卖油翁却淡然说，无他，但手熟耳。

回想自己喝茶的短暂时日，由味觉模糊到舌根锐利，发现锤炼并非来自对茶经理论的熟稔，而是由日日夜夜操练、杯杯盏盏亲尝才获得的。如同庖丁解牛，游刃有余；又如绳索悉断，出入无碍，都是经过了规规矩矩，老实走路，方至化境的。

由此，又生发思量——这喝茶，竟也有如修道，山水初始在人眼中，只是混沌山水；历练后再看，山水竟有别样容颜；经过反复修正，山水涣然如初，了无差别。我们来喝茶，凭借茶来思量人生的三种境界：初喝，喝不出高下；再品，辨得清水质；待到心中茶味盎然时来饮，白水、饮料、琼浆、甘露，皆泛茶香。

想起禅宗的一个公案来。

禅宗的第十五祖提婆尊者，本来是个外道。当他见到第十四祖龙树菩萨时，投了一枚针于盛满了水的钵里，不发一言，得到了龙树的器重。他本来是个辩才，非常会说话论理，却在这时放弃了语言。

巴陵是云门禅师的法嗣，跟随云门座下多年，深得云门三昧。他承继云门时，没有更多领悟的话，只将三句上达云门：如何是通？明眼人落井。如何是吹毛剑？珊瑚枝枝撑着月。如何是提婆宗？银碗里盛雪。云门听了很高兴，说："他日我忌辰时，不要作斋会，只要向弟子们宣示这三句话，就足够报我的恩了。"

巴陵三句，惊世骇俗。明眼人落井，仿佛悖论，却由此打落眼界分别的妄想，心中豁然开朗。深井和平路，何有高低？何为明暗？高低明暗只在人心曲直。珊瑚枝枝撑着月，海中珊瑚，枝枝春满，擎向苍穹，却与明月作依傍。明月月影，千万化身，落在枝头，寒锋映雪，光前绝后，恍若大千世界，光辉同一，连天和地都不相望，怀抱在一起。而这银碗里盛雪，孰为银碗？孰为白雪？银碗白雪竟然不二，打成一片，身心一如，等同而观。

这是我最喜爱的一个公案。我这么说，已经落进了“分别”的陷阱。不过，目前，止步于分别，确属个人实际情形，也不必讳言。我喜爱它，首先是因为它文学性很强，意境极美，除此之外，更是因为它给我们提供了一个由不辨是非到辨清是非、再到放下是非的学修参考。

这三个阶段，缺一不可。每一步都承上启下，既不能跳级，也不容混淆。放下分别的洞然明白和七窍未开的憨厚混沌，二者虽然眼见的都是山河的相，却是不可同日而语的。而那不知扬子江中水要与蒙顶山上茶来匹配的懵懂，自然也不能混同于茶水两忘、处处茶心的温和境界。

银碗里盛雪，如鼓声无槌而轰鸣，若要解得方法，还须眼下静静喝茶，喝出茶之相与——那水的妙处，再来循序渐进，慢慢体会。

沉默喝茶

每天，我都留出独处的时间来喝茶。

我喝茶的时候，因为没有同伴，所以一定是沉默的。

沉默，就是我最好的茶友。

唯有沉默，能让我有机会三省己身。

当我开口时，有时候会表现出教养，有时候却流露出习气。

沉默喝茶，让我检点自己，是否习气抬头，张狂做事？是否口不择言，一吐为快？是否贬损他人，颂扬自己？是否把说人长短当作了挥斥方遒？是否以八卦的名义掩饰了自己的私心？

当我沉默时，这茶仿佛大炸雷，将昏昧天地照了个雪亮。

我在天地里赤裸着身心，陋习无处藏身。

孔子有言，不得中行而与之，必也狂狷乎！那狂是对外，狷则是对内，不能做到平衡和中道，不如狂狷，把真性情发出来，或左倾或右倾，都没关系，唯有一点，请勿伤人！

偏虽不好，到底是真的，不是假招子，装给别人看的，真的东西就有生命力，不是两张皮。发出来真性情，不是说这真性情就值得褒奖，恰恰很多真性情是马脚，发露出来是为了示众，你看，我的品行就是这样，不端的时候，狰狞丑陋不可取。这个时候，再冷静，再反观，再去伪存真，舍恶从善。

狂狷即是习气的一种面貌，害人不浅。这样的茶灌下去，令我大汗淋漓。如果可以补救，我就道歉；如果坏话以文字显，我就删除；如果这些都不能挽回我的过错，我便要开始一天的忏悔功课。

我如今每天的忏悔功课都很满，由此也可见，恶习难除，随时都在张牙舞爪。

喝茶的时候沉默，收敛心神，全部的意思都会聚在这茶味上，那么，唯有此时，我才能虚心待己，不掺杂戏论，不掩饰真情，不云遮雾障。我要看清来路，明白去处。唯有沉默，才能清醒，明决，而独立。沉默，是养精蓄锐，是心无旁骛，是耳边嘈杂不动心怀。

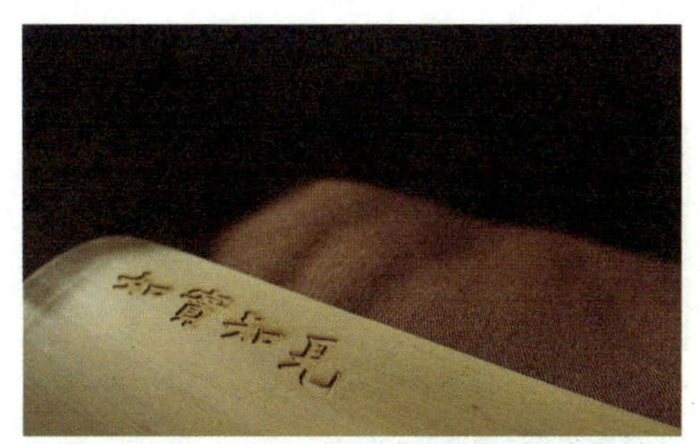

这是一杆秤。也像一场战斗。而中间的角力，勿忘自己目今的归位和力量。

想起念书念到高三以后的感受。别人已经开始大一大二了，自己还在读高四高五。那个时候就好像你担了很重的担子到码头，在这条短暂的路上，你不能去想你的阶级身份、你的苦大仇深、你的周遭风景、你的前路遥遥，你只能专心、沉默，协调好自己的承受能力。

如果叫苦，就好比在用心出力的时候叹了口气，那力道都会受到损伤。

记得第四年去高考，我只带了个铅笔盒，揣在兜里，满不在乎似地上路。从家里到院门口，一路上被人指指戳戳。有人在笑话我，我怎能不知道。也有曾经最好的朋友放些言语的冷枪，我又怎会听不到。饭和菜都已经无味，风和日丽于我也陡然麻木。

不是没了感受，是深吸了一口气，要潜水过河，怎能再眼观六路，耳听八方？闭嘴，屏息，深护心门，方能长距离地游曳、上岸。

最要紧的时候，是不需要同伴，不需要长辈的，更不需要理解和安慰。因为你知道你有目标，你不盲目，你是在追求一个完成自己的目标啊。在那幽深的湖面下，只有你沉着地去划水，听到自己的肺在悄悄地换气，感受到一个人不说话只前行时的无上欢愉。

闭嘴，屏息，深护心门，方能长距离地游曳、上岸。

吃苦耐劳不抱怨，不仅会带来性格上的锻造，还能带来完全意想不到的轻安。那种轻安的快乐，非相依为命所能比拟。

而曾经为自己所苦恼的一路非议，因为读了陆游的“无意苦争春，一任群芳妒”，以及鲁迅先生的“让厌见者不见”，都鼓励了自己埋头前行。但后来，我明白了，这样的文字只是麻痹了自己，抒发的还是囿于个人的怨叹。有些时候，还给自己一个假想的陶醉，觉得自己真的是孤立寒峰啊。

喝一口苦茶吧。它打掉所有不实的虚荣，就是这么苦，就是把你扔到了绝境，怎么找出生机？还是要看自己。眼球是圆的，一半朝外，一半朝内。我要做的，不是对外在非议介怀，而是要修正自身，保证自己不对他人起非议，保证他人的非议不动摇自己的前行。那些私心加于我身的伤害，因为我的沉默，而剑走偏锋。

我相信，每个人都有惭愧心，都会修正自己。至于修正的成绩，如各人饮茶，浅淡自知。

而我，就是要沉默下去了。

这时候的茶味，苦中已回甘，仿佛漫漫的西天，有温暖的光崭露头角。

沉默喝茶。

沉默让我学习到佛陀的一个词语——默摈。

佛陀入灭前，大众悲不能抑，问了佛陀四个问题：佛涅般后以谁为师？依何安住？恶人如何调伏？经典如何令人起信？

佛慈悲作答，我涅般后以戒为师，依四念处[①]安住，遇恶人默摈置之，一切经典前安“如是我闻”四字，令人起信。

恶人，在这里是有特指的，是说对僧团里的恶性比丘，默然摈除。所谓恶性比丘，意即多犯戒规，或无悔意，或屡教不改，或屡改屡犯，甚至犯四根本性罪[②]之极恶比丘。佛法戒海，不容破戒之人，因此在僧尼众中，默然摈除之。用世俗的话说是“开除僧籍”。推而广之，恶人也是相对而言的。当我们表现出了恶习，恶人的帽子也会落在头上片刻。此时默

---

① 四念处要完成的观行是：观身不净、观受是苦、观心无常、观法无我。虽然如此，但是在做观行的过程，并不是永远去观想不净、无常、观苦、观无我，而是要把我们的心念、行为、举动等觉察到了了分明。四念处除了这四个不同的观行外，还有一个总相念处，即是在这四念处中观一切有为法皆是无常、苦、无我以及空性。

② 佛教以“杀、盗、淫、妄”为“四根本性罪”。

摒，而非劝说，而非争辩，而非不知章法地惩罚。

沉默，是最有力量的劝诫。

想想泅渡的人和岸上的人。有人落水，你在岸上，去救吗？

却要先看自己水性何如。

不会水的人去救人，一起沉沦是必然的。

水性不好的人去救人，出现三种可能：

那人可能会些水，你们共同面对的危险并不大，能救上来；

那人不会水，你救不上来；

那人不会水，你非但救不上来，还会一起沉下去。

水性好的人去救人，如果情境不是非常凶险的话，应该能救上来。

还有一类，有人落水，你并不在岸上，你也在水中泅渡，挣扎，那又怎么救？

你属于哪一类呢？我们要扪心自问，要小心地选择我们的同道和朋友。有时候我们的远离，不是背弃，是为了积攒力量。《大乘起信论》里说道外缘和自力都重要。当外缘具备的时候，自力却跟不上，那么一定会有问题。自力准备好了，外缘却不显露，那么只需要再耐心一些。起关键作用的是什么？还是自力啊！

《长阿含经》中，也讲到佛陀的沉默。有菩萨殷殷祈请，对佛陀说，看那莲花池中，也各个不同，有还在水中的，也有冒了些头的，还有长得很高的。为那已经茂盛的开口吧。佛陀终于点头。

所以，有的人伸手了，就能与自身佛性的等待相应，就能够上岸。

伸手的行为，即是自力。那等待，即是外缘。而依靠他力，能不能真正得到超拔度脱？这个要看自身的业力和他者加持的功德。这是一杆秤。也像一场战斗。而中间的角力，勿忘自己目今的归位和力量。所有的人，都不能代替别人上岸。

当证悟空性的时候，所有的二元对立都消失了。时间的长短，生命的痛苦和快乐，是与非……但当没有证悟时，这些对于身在其中的人来讲，的确是“真实”的，所以才会纠缠颠倒。这就像尽管佛陀自己证悟到无人我之分，没有觉悟的众生仍然要向他伸手呼救。同样，一个人尽管给对方指出了南辕北辙的徒劳，如果对方并不相信，那么这个人再说什么都是白说。不如沉默。等到有一天，对方经历了长途奔徙后，他会掉转车头。当然，这个时间可能需要几年，也可能需要一生。更准确的说法是，需要三大阿僧祇劫。[①]

以往喝茶，可望而不可即，如今独自啜饮，沉默观心，已经成了生命中重要的事。我知道，沉默的时间越长，承受的锤炼越扎实，而无论何种思考，都是为了落脚于从此能够实现对自己的控制。优雅而从容，深心而内决，敏于行而讷于言，即是此生最大乐趣。

① “劫”表时间之长，难以计数。日月、昼夜、时节、岁数，无量无边，不可称、不可数，故曰阿僧祇。阿僧祇劫，也就是无量劫。一个人修行成佛要经过三大阿僧祇劫，而世界之生成与毁灭，在时间上也要经过许多劫，一劫的时间相当于人间四十三亿两千万年，无量劫，却是时间浩淼。

黄叶村问茶

立冬后的北京植物园，游人三三两两，波光静谧着、潋滟着。

我们沿着湖边，轻轻悄悄地来到黄叶村，落叶在脚下发出簌簌的声响。

黄叶村位于曹雪芹纪念馆旁，是个茶馆，也可以吃饭。

夏天来时，可以坐在露天的茅棚下，坐看湖光山色。每次，从卧佛寺出来，就在这个地方落脚。植物园，是个好的去处，除了寺庙、纪念馆，还有热带植物馆，以及梁启超墓。殿堂庙宇、人文景观都在这里。随着四季轮转，天光变换，安详地共处。有时候，在这儿甚至可以待上一整天。

你所受的一切，所困扰的虚妄之灾都在真言里碎为微尘。

这一天来，是为见一位刚刚下山的师父。据说师父深谙茶味，或许能将些疑问踟蹰抛却。

其实我不知道我有没有问题。对于我来说，没解决的问题，即便是遇到开示，也常常会当面错过。我害怕自己的习气让我错过，让我的耳根拣择，让我的意根曲解，即便是遇到善知识了，道理还是道理，烦恼还是烦恼。

我忐忑着，怀疑着，等待着。

一壶碧螺春端了上来。茶壶很大，为的是能分给众人。茶倒出来，很淡。

师父来了。他朗声笑，轻掸灰尘，只这么眼光一巡，所有的人就都关切到了。

我想起曾经在暗夜经行时，悄悄写给如师父的信。我在漫长的跋涉中提问，却从不敢知道答案。不要回答我！不要让我知道！甚至，有时候我这样呼喊着。

我不为这尘世的任何事情动心和烦扰，却唯独不知道自己为何还在此地耽搁。我热切地盼望着解脱，盼望着能够通达生命的真相，能够给沉沦在无边无明里的人们以援手，就像他们信任和抬举不如实的我，竟也来向我诉苦。我深味着里面的个中滋味，希望能够不辜负他们，不辜负我来此世间唯一愿意倾尽心力去做的事情。

问答开始了。

——你想离开此地，去哪里？

我不敢回答。我曾经开玩笑，我自小命运多舛，虽不是大风大浪，却也举步维艰，若这天上掉馅饼，落在我脑袋上的也一定是鸟粪。我的福报不够。闻苦见苦。故而出离心甚重。

——你理解的出离心是什么？

我说，不敢说是出离心，应该是厌离心吧。

——师父笑了。想过修福吗？

我摇头。对我来说，见过苦，不再贪求福。我去拜佛，但凡捐资，唯有印经盖庙，我会毫不犹豫地随喜功德，让更多的人得闻佛法甘露吧，而不是求子得子，求财得财！福田，于我何益？生活得顺利富裕，又能怎样？充裕殷实不过是过眼繁花，更是不堪一击，不种也罢。

我们的出离心，是要出离自己的习气啊！

师父却说，兰若啊，修行在此地，你在哪里，哪里就是修行最好的所在啊。你还要去哪里？你在此地碰到的问题，却要去他处解决，可能吗？你谦虚地说你是厌离心，不敢说出离心，可是你厌离的是什么呢？是这个娑婆世界吗？是令你厌倦的人或事吗？

如果，你厌离的是这些，那么真正的出离心你还没有发起来啊。

能看到繁华后的衰败，能预见灿烂后的平淡，对无常有清醒的认识，能不为两边所转，这很重要。但这还不是最终的厌离。

我们的出离心，是要出离自己的习气啊！

你有习气吗？

我愣住。

有的。师父。我不宽容。不见厌见者。躲闪轻浮贪婪欺骗虚荣的人和事。我唯有对此，易起嗔心，怒火中烧，恨铁不成钢，如同烈士。

因此而伤害，错怪和束手无策。

因此不能自控嗔心，生起慈悲，生起观照的智慧，被嗔毒所转，不能自拔，苦不堪言。

因此也常常后悔不迭，无法补救又无法帮人。

大家都笑，为我那句“如同烈士”。的确如此，弱水三千，我却顶雷霆之怒，数次在街头与恶势力坚决斗争，险恶情势想起来颇有些后怕，但事到临头，却常常逞匹夫之勇，如有神助，毫无恐惧。

仁者依旧微笑，嗔心要改，慢慢对症。不过，这种性格倒是好根基。再扩大一些。

我不敢说自己明白师父的深意，录于此处，存证常参吧。

师父问起我们，是否持咒？是否常念《观世音菩萨普门品》？是否懂得经咒忆念时的相应？是否知道积累善量，可以有力量顺应万境？

他告诉我们，理性的人要懂一点文学艺术，感性的人应懂一点逻辑思维，不要陷入自己的习气，不要轻视实修，空谈义理。那经文上的字句，常常被我们引用发挥，而被我们拣择来的经文往往与我们自己相应，为我们所喜，甚或正是我们所本具有的美德；而被遗漏的忽略的，正是因了我们的习气，无意或者故意地一带而过。那才是我们需要找的药。可是，习气，微妙如纤发的习气，在起心动念间影响了你的觉察力，变更了你的前进方向，使你在自满当中继续沉沦。

茶有些凉了。

我无数次地回想起那一日的光线。有些黯淡，但却温暖。落黄满径，溪水淙淙。我们在座六个人。各执己见。也有沉默的，只是在眼观鼻，鼻观心。据说后来沉默的人去了藏地。

就在恍惚中，六字真言，如同高山流水，自师父的唇齿之间吟哦而出！

桨声灯影，漂泊孤舟。只因为没有上岸。

嗡嘛呢叭咪吽……

嗡嘛呢叭咪吽……

嗡嘛呢叭咪吽……

那深沉的音色，穿越心魄的歌唱，登时令时空静默，我竟泪意滂沱。

若在平时，人前落泪，该是多么羞愧的事情啊。

而这一回，却不能抑制奔涌情怀。

所有的问题都消失了，所有的聒噪都停止了。你所受的一切，所困扰的虚妄之灾都在真言里碎为微尘。观世音菩萨无论何时，都在你的身旁，都在予你倾听之姿，殷切地安抚你。

我倒忘记了来路。

嗡嘛呢叭咪吽……

嗡嘛呢叭咪吽……

嗡嘛呢叭咪吽……

如来有密意，就在唇齿间。有心咒流传，有经文解说。

善男信女去修福田，不求解脱。只落得个在信中迷。

自诩智者去修思辨，不种福田。也落得个在信中狂。

让我们听一听观世音菩萨的吟哦吧。那是柔软而坚韧的大悲之声啊。

让我们真正地懂得福慧双修，悲智双运的深刻内涵吧！

不求解脱，终日为私利求神拜佛，殊不知离道已万里，哪个菩萨会纵容为恶，满足私欲？

不种福田，没有修慧机缘，缘何解脱？！苦尚不堪言传，招架之力微弱，食不果腹，没有上路资粮，没有体恤众生的悲心，没有护持三宝的愿力，缘何修慧？！

且来饮这一杯茶吧。

桨声灯影，漂泊孤舟。只因为没有上岸。

茶味虽淡，茶意却深。

我能不自欺，不空落口头禅，不谋虚荣么？

我能不轻视福田，不逃避实践，不沾沾自喜所知障么？

我能不倚重金刚杵，不滋生傲慢心，不以苦难成果为功德么？

唯有回顾，方能恍然：那一日的黄叶村问答，却是一生都喝不尽的茶。

老和尚的茶与禅

虚情假意，抛头露面，巧言令色，在他这里是要被一刀子切除的。

老和尚来北京了。

他来之前的日子，我还真的在想念他。我在想，要不要给师父寄一本我的书过去。但我又不敢，觉得自己的文字羞于见师，觉得自己浅薄，所有的絮语在老和尚那里，只是打扰。

正在我犹豫的时候，师父就来了。

佛学院是他的旧时居所，这里的当家都是他当年的学生，学生们早就把他的旧房子修葺一新，装了暖气、空调，房间里配备了卫生间，只等着他回来住一段时间。老和尚托病，不愿意启程，所以房子修好以后，一直空在那里。

这一次，他是因为要做全面体检，在这里逗留几天。

时间不长，我和师父又隔了山水，不能时常去亲近。所以仅有的几天，都弥足珍贵。我放下一切，去看望师父。

十几年前，老和尚还不老，六十多岁，步履矫健，说话利落。他喜欢写字，自创一体，他的字有一点启功先生的笔风，但似乎更涓秀一些。那时候，我和我上大学的同学们去看他，他麻利地给我们泡茶。玻璃杯，大叶子茶，茶水瞬时能把奔波来的风尘压住，所有的渴、累、乏，遇到了这样碧绿幽深的茶，都纷纷缴械。

那时候我不懂茶，也很少喝。

曾经在商店里买过最便宜的茉莉花茶，泡出来的水是暗黄色的。因为不好喝，也因为没有人教，所以，开了封的茶包就扔在一旁，不再问津了。

却在师父这里，头一回喝到安稳身心的茶，觉得好，却又不知道好在何处。

老和尚写大字，喝茶，还养花。

整个院子里，全是他种的宝贝。扶郎，大丽花，牡丹，菊花，还有很多。他细心地照看它们，戴着老花镜仔细地浇水、松土。有人上门来索字，他就刷刷刷铺开摊子，不一会儿就是一幅。

也有人来问他问题，他回答得极为简略。有时候我听不懂师父的话，但我知道那是因为彼时的我，仿佛混沌，七窍未开。但师父给予我们的安宁气场，我却是能感觉得到的。在那里，即便无话，也不觉得无聊。只有欢喜，只有欢喜。

有一次，我们进那个寺院，院子里安静极了，几乎见不到僧人。可是去敲师父的门，他在。他一个人在办公室里写字。问他怎么寺院里无人？他笑嘻嘻地说，都去给人祝寿了。师父不去祝寿，不去做任何攀缘虚浮的事情。他真的是一个在尘世里闭关隐居的人。穿着僧袍，安守本分。

老和尚这么多年，不收徒弟。尤其是已经皈依了的人想拜师于师父，他不接受。他说，你们以三宝为归，以释迦牟尼为师。皈依只是形式，师

皈依只是形式，师父只是你的见证人，见证人再多，替不了你自己明白。

父只是你的见证人，已经有人为你做了见证，为什么还要执著于找不同的见证人。见证人再多，替不了你自己明白。

在他这里，攀缘附会是完全要被打掉的。浮夸、贴金、抬轿子，他不听，也不接受。他声调不高，却一针见血。老和尚经常说，不要拿别人做幌子，不要狐假虎威，要把自己身上的牵缠附累摘干净，做清清亮亮的自己。

我感佩老和尚的为人。他总是以自己自尊清高的言行粉碎我心里的一些虚伪。他的断德[①]，那么干脆，那么豁然，照见了我们不由自主的虚假繁荣。

他已经八十多岁了。经历了两次大病之后，腿站不久，迈步颤颤巍

① 断德：即了断之心，或者说与坏习气斩断的德行。如来有一德，即是断德。

巍；说话更少，说久了就要咳嗽。他每天要吃不少花花绿绿的药，因为吃药，所以茶，几乎不怎么喝了。

但是，在老和尚那里，生死是不需要忌讳的。他和我们说茅篷里的生活，说他为前辈和尚举火，我们内心都恐惧骇然，他却幽默风趣。他告诉我们，那前辈是个胖子，却好烧，三根木头就能解决问题，半个小时就灰飞烟灭。胳膊先烧着，然后是头，然后才是肺腑。师父说这些时，只是当做家常便饭来说，没有任何强烈的感情在里面，更看不到一点执著迷惑在里面。在他那里，人死就是死掉了，臭皮囊无可留恋。更不言神通。

虚情假意，抛头露面，巧言令色，在他这里是要被一刀子切除的。

和师父在一起待着的两个下午，觉得时光犹如静静的长河。有不同的人推门进来了，大声喧哗的，悲悲切切的，风风火火的。老和尚对他们说的话是，不能放下，就跳进去。不要在思前想后上耽搁时间；三年前的人今天见了，都险要不识，那三十年前的人，还能认得么！

我等师父的时候，吃了他桌上的一个橘子。等他回来后，专门告白师父。师父笑说放在这里，就是供养你们这些过路菩萨的。我说不敢说供养啊师父！师父却摆摆手说，四众弟子是平等的，你对我说供养，我对你一样也要说供养啊。

他看了我的书，指出有两处错误，嘱咐我有机会要改过来。因为我提到师父原来教的课程有唯识和中观，师父说，唯识教过，中观没有教，可把中观改成禅宗。一位同来的师兄问师父，不是要不分别吗？师父又是淡淡的一句，不分别不等于要打妄语啊。文学的夸张是可以的，但不能违背事实。

老和尚只有在我们摒弃浮躁，卸取面具后，才会欢欣鼓舞起来。

他高兴的时候如孩童。冲我们笑，笑得憨厚，那笑又仿佛是对我们的鼓励和颔首。你要真的朴素起来，他就欣慰。

他咳嗽起来，惊天动地。我看见他抓了个冰糖吃，问为什么吃冰糖，他说能缓解咳嗽。我随口说，师父，不要老吃冰糖，下次我来，给你带含片，是中药，比冰糖好。

第二次又去，一屋子的人，老和尚又开始惊天动地地咳，人们颇为尴尬，他却大喊，含片哩？我又好笑又觉得师父厉害。幸亏我带了来啊。在这老和尚面前，可不能说虚话，否则当场露怯的

老和尚只有在我们摒弃浮躁，卸取面具后，才会欢欣鼓舞起来。他高兴的时候如孩童。冲我们笑，笑得憨厚，那笑又仿佛是对我们的鼓励和颔首。

可就是画饼的我啦。

和师父说平常话，他就舒展眉头，开心得像孩子了。要是故弄玄虚，他就用吓死人的咳嗽把来人轰走。他可真是有顽皮和狡猾的一面呢。

他的侍者告诉我们。老和尚每天四件事：念经，种花，拿花供奉观音菩萨，晒太阳。

这都是本分事。因为笃实终生，所以内心轻安平静。

我们和老和尚一起吃饭。他席间无话，吃饭前悄悄祝祷，掉在桌上的饭粒一粒一粒要拈起来吃净；末了要喝汤，汤水把碗里的油渍都涮干净，最后喝掉。我看见老和尚，有一种亲见印光大师的感受。大师但求务实，不允许浮夸，凡事求内心，不向外驰逐，但求死而无知，以虚誉加身为耻。这些，在师父身上，一一落实展现。

我知道师父慈悲，有人向老和尚索字，不知道师父写一幅字要两个多小时，要一直用病腿站着，要湿透一件汗衫；有人假借了其他的名义，想拉师父做幌子，他看穿这一切，却也舟车劳顿地去成全年轻的一辈。

师父因为病已经不喝茶了，但和他在一起的每一寸光阴，都令我得尝茶味。他从来不和人主动说佛法，但他是僧宝，是教授师，是曾经嗜茶的茶僧。他不提这些，不碰触这些，是因为至好的茶味竟然是无味。至好的宣说竟然是无言。

有人向老和尚索字，不知道师父写一幅字要两个多小时，要一直用病腿站着，要湿透一件汗衫。

因为圆融贯通，所以那老和尚，即便不说禅佛，却一一印道。

仅仅两个下午，我就喝到了最好的茶。这茶让我看到禅师的点点滴滴，都在印证“无念，无忆，无著，不起诳妄，用自真如性，以智慧观照，于一切法，不取，不舍，即是见性成佛道”。（引自《六组坛经般若品》）

这茶，更让我在这些日子里，学会调养身心，只要有散乱的神思来干扰，就给它念一句阿弥陀佛。所有的亲眷，由此都不见了踪迹；所有的废话，由此也都化作了佛号。因为用心专一，所以行事如有神驹疾驰。

这样的茶，又怎能不让我感恩莫名。

庖丁的茶经

持戒，是为了修持出不动的真心，是为了消除心中所有的对立。

喝茶有很多规矩。如器具的选用，是根据茶的种类来分别的，花茶用盖碗，绿茶用玻璃杯，花草茶有专用的玻璃壶，乌龙茶有全套功夫泡茶具；又如水的温度，抹茶只需要80℃，乌龙茶要更高些，水尽量要选择水质轻的、软的，如果能用山泉雪水当然更好，而泉水里以流动的乳泉为最好。

还有很多。随着学习的深入，会发现自己对茶一窍不通。

有朋友来家里做客，是几个过去举杯喝酒的兄弟，端起我泡的功夫茶。茶杯在男孩子的大手里盈盈一握，他们都困窘，觉得端不起来，只好把茶当做二锅头，仰头喝下。问他们可尝得茶味，男孩子们摇头，大家都笑起来。我知道，他们的不适，是来自对陌生规矩的无所适从。

如果按照自己习惯的方法，无论什么茶，都往瓷缸里抓一把，喝一天，也没什么不可以，那样一定是喝得自由自在不拘束。但是，茶叶为什么会有那么多种泡法、喝法，而依法来泡，跟胡乱饮下会有怎样不同的口味，也就永远不能得知了。

喝茶的规矩，仿佛我们生活里的禁忌，也像修行人受的戒律。它们都是以与我们的习惯相反的面貌出现的。

一位朋友血糖高了以后，被医生叮嘱以后要尽量少地摄取糖分。她原本生活中也不爱吃糖，所以以为自己不吃糖也没有什么关系。但当她开始有了这个禁忌之后，她发现自己对糖的渴求一下子增长起来。本来不在意的甜品甜食，都让她欲罢不能。

这就是禁忌遇到了习惯后，发生的强烈反弹。

因为是禁忌，它被强调了，强调以后就成为在意、执著的缘由。

越是不让干的越想干，越是需要遵守的越想违反。我们的天性，就是反抗，而非随顺。

喝茶的那些条条框框也是如此。如果想随心所欲，那么喝到的茶味，永远在你习惯的范畴里。而茶道，茶的精髓，茶的真味，都因为拒绝随学而失之交臂。

习惯令我们安适，并且有安全感。遵从新的陌生的规则，却让人紧张。

这也是为什么仍然有很多人不能开始品茶之路的原因。

没有规矩，不成方圆。不循法，自然昏昧迷乱。

这也如同学修佛法的三学所说，戒、定、慧，三个步骤。因为持戒精严而产生禅定，因为禅定日久，生出智慧。三个步骤，最基础的是戒。不守戒而修定，定难持久，不守戒而修慧，慧乃狂慧。而这个戒，就是方法，就是规则，就是告诉我们生活中不可为的事情是哪些，如果一步步地去实践，去理解，去体会，散乱、掉举、懊恼、愚痴、贪著等负面的性情就会被清洁，定境就会得到加持。

这不容易。

因为为所欲为，是让人痛快的，有所为而有所不为，却是需要锤炼。凡锤炼，必要付出难堪的忍耐力。这个时候，虚心、好奇、有兴趣、向善和不放纵本性，就成了接受规则、深究方法、身体力行的前提条件。

比如说选择乌龙茶，有茶人总结了很好的方法，如果我们把排斥和拒

习惯令我们安适，并且有安全感。遵从新的陌生的规则，却让人紧张。

绝的心放下，那么“望闻摸沏”四条要领就能掌握。

望，是指观其外形。将干茶捧在手上对着光检视，看茶叶的颜色是否鲜活：冬茶，颜色应为翠绿；春茶，则为墨绿，最好有砂绿白霜，如果茶干、灰暗、枯黄则为劣品。同时注意茶叶是否隐存红边，有红边表明发酵适度，而那些颗粒微小、油亮如珠、白毫绿叶犹存者则是发酵不足的嫩芽。

其次是闻，闻茶气味。手捧干茶，埋头贴紧茶叶，吸三口气，如果香气持续甚至愈来愈强，便是好茶，较次者则香气不足，而有青气或杂味者则为劣品。

再次是摸，即看茶叶手感如何。球型茶叶手握柔软则是干燥不足，好茶拿在手上抖动要觉得有分量，太轻的滋味会淡薄，太重者易苦涩；条型茶叶，如叶尖有刺手感，喝起来会觉得苦。

最后是沏，即开汤冲泡。这也是试茶最要紧的步骤。少投叶、多冲水、长浸泡，然后拔开茶叶看汤色。浑浊、淡薄、叶片焦黄碎裂，都是劣品。好的茶汤，颜色明亮浓稠，依品种及制法不同，由淡黄、蜜黄到金黄；把汤匙拿起来闻，若有草青味，则不好，一旦增大投茶量，再稍加久浸，必然味苦色深。若是好茶，即便茶汤冷却，香气如故。

听说这个方法以后，对我后来挑选乌龙茶有很大帮助。我依照方法去观察，去品味，买回来的茶差不到哪里去。这中间也会有一些细微的调整和感受，那是在实践当中自己又总结出来的经验。

我能受益，还是因为我愿意去学，所以才渐得其乐趣。

同样，因为受戒，我也有此同感。因为真去受持，才得到了很多实实在在的好处。

以前，最早听说五戒时，觉得除了不饮酒难以做到以外，其他都很容易。这些劝导的戒行，实际上都是在帮助我们成长为一个正派的人。谁愿意做个不正派的人呢？所以自己受皈依的时候，我欣然接受，毫不犹豫地就对戒律说，能持！

受戒以后，我也很少思量检视，自己是否做到了？是否做得好？

后来有一次看到弘一大师当年给闽南佛学院的学僧们讲课的文章记录，提到大师给僧人们讲五戒，他说自己一戒都难以完全做到。我很惊讶。因为弘一大师是律宗的一代宗师，他的戒行有口皆碑，怎么会这样说自己呢？

我这才开始反省、检点自己，曾经大声应承“能持”的那些戒行，是否一一落实了？

答案是令人羞愧的。

单就不妄语这一戒而言，我不能任何时候都说真实语，因为相续不断的小谎言已经成了开口的习惯；有时候，说是非发生在不知不觉当中；无意义的话、给自己贴金的话、废话，还是满天飞；而恶口，我也没有杜绝干净。在我的嗔心起伏时，它们即便没有脱口而出，也在心里演练千遍。

仅仅这一个戒，就持得如此狼狈，遑论其他。

佛教里讲身、口、意都要清净，不好的事情即便没有去做，但嘴里却搬弄，意念里直翻腾，这都是不清净的。

如果要得清净，就要从身、口、意三方面，来实践戒律。

戒律看起来像绳索，令我们的习性不快，但戒律就是方法论，就是一步一步完善自己的那些阶梯。

有人经常搬出济颠和尚的话来戏论，说“酒肉穿肠过，佛祖心中留”，以此来开脱自己喝酒杀生的行为。殊不知济颠和尚在喝酒吃肉之前，曾经严格守戒数十年；而这两句民间俗语的后面，还有另外两句真言，叫做：学我者下地狱，谤我者上天堂。

后面两句为什么不一起流传？

因为后面的真言在揭示一个真相，那就是济颠和尚以自己作反例，来讽谏众人。只是因为人们更需要前两句作为借口，来否定规则和约束。

如瑞师父曾经就这个问题反问过一位厨师，说如果你能保证自己杀一个度一个，那么你就继续杀生！

你在什么学修位置上？如果你不是济颠和尚转世，请不要拿他的话来做幌子。他证到的境界非我们颠倒轮回的凡夫能够想见。

老老实实地面对自己，是正事啊。

想想这约束，其实只是个途径。它并不是只要我们难受，然后习惯这个难受。它实际上提供了一个方法，一个最好、最便捷的方法，扶助我们通往掌握之道。这就如同庖丁解牛，游刃有余不是庖丁天生的本事，是经验了对牛身肌理走向的熟知，对手起刀落力道大小的运筹，对每一步规则都严格的遵守之后，才练就的无庖丁、无牛的帅气开解。茶道也是这样，拘谨、刻板、不适应，都是为了达到最终的挥洒自如、万般清泉皆出茶味的境界。

不戒时有凡夫的烦恼；戒时，有戒的烦恼。但有一点，戒，认识清明的戒，心甘情愿的戒，会令我们不再在凡夫的烦恼中堕落。这就是戒的最大妙德。譬如有人伤害了“我”，若是凡夫，即便不在行为上报复，也多会在言语上唇枪舌剑；即便言语关把好，也容易在心里怨恨。若持受最初级的五戒，那么，不评判，不把个人感受进行传播，善护心门，善护口业，冤怨相报就在你持守戒律的此刻停止了。而那个有伤害作为的人，因为良心发现会有羞惭；因为你的持戒，会得到信息的传递，他一定会转身，一定会忏悔。

这样的事情曾经在我的生活中发生过。它让我亲眼看到不在戒以外横行，一定会得到戒的保护，它令事相发生不可预料的逆转。它告诉我，因戒之善，将有默如雷。比起睚眦必报，它给予的是安宁与欢喜。

持戒并非对他人姑息养奸，对自己实施虐待。持戒是为了修持出不动的真心，是为了消除心中所有的对立。

遥想佛陀灭度时，弟子们曾问他，今后以谁为师？佛答曰：戒。

在遵循了扎实、严酷的方法之后，耍大刀的庖丁、高冲低斟的茶人、知音的琴师、不动笔的画家、百步穿杨的弓箭手，乃至无处不在的佛陀，他们写就了同一部茶经，那才是无法无天、无垢无净、不增不减、不生不灭的三昧化境！

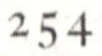

因戒之善，将有默如雷。

后　记

喝茶仿佛人登山。

最初看到令人欣喜的风光，也许我们会大呼小叫，会以为已经领略了这山水的美。而后，峰回路转，山穷水尽，才知道刚才所见只是这途中的美。这途中不仅有美，更有险。有时候这险，甚至会盖过了初始的美，以致让人动摇：我不是在登山么？为什么迟迟不能上到巅峰？为什么要在穷恶路上徘徊不定？是路走错了，还是不该登山？

喝茶也是这样。

从第一次遭遇的惊艳，到自己品味时的摸索、怀疑甚至退转罢饮，都是正常的。有时候是方法不对，有时候是自己的准备还不充足，遇到好茶还不能欣赏。渐入佳境，是需要时间和耐心的。

总的走向，我们都是向善，向着好的在进发。但这个过程里，仍然会有停顿，会有茫然，甚至是掉转车头往回跑。那么，看清楚自己的位置，不强求一步登天、一口吃个胖子，有耐心、有信心，泡茶的方法和喝茶的大道，一定是可以慢慢掌握的。

这让我翻回头来再品禅宗的那句话——“理应顿悟，事应渐修”，突然又有了更为切实的体会。知道只是第一步啊，还需要一步一步地去做，去体验，去改正。

泥沙俱下，而销金矿。在学习的路上，我们永远是孩子，唯有耐心，唯有信心，唯有实事求是，才是对付漫天风雪的最好本钱。

《奉茶》从出版至今已过去了六年，这一次新版，是在旧版于图书市场全部售罄，读者朋友一再来信询问下重新修订的。与第一版不同的是，这次选用了图文相映的呈现方式，无论是在排版设计方面，还是在图片选用上，几位一直以来合作的同仁都倾尽心力，在此，我要特别感谢他们的劳动和付出：《莲花次第开放》的编辑沐融融与我再度携手，全程跟进，她的慧眼、敬业和艺术感觉成为《奉茶》新版的把关基石；古涧文化的设计总监许烈以及他的团队为本书的整体风格谋篇布局，灵动、清新，不拘一格的排版令人眼前一亮；宋丽琴编辑自《一榻月下窗》一书的合作后，这也是二度相携，伴随着她孕育新生命的过程，在她顺利迎来自己孩子的那一刻，《奉茶》新版也即将面世。这是我们共同努力的一份心水之作，愿她如春茶般甘甜清冽，如清风般舒爽扑面，在人们劳顿的时分，提供一个休憩身体、回望内心的可能。

图书在版编目（CIP）数据

一心一意来奉茶 / 程然著 . – 成都 : 四川人民出版社 , 2014.9
ISBN 978-7-220-09250-3

Ⅰ . ①一… Ⅱ . ①程… Ⅲ . ①散文集 – 中国 – 当代

Ⅳ . ① I267

中国版本图书馆 CIP 数据核字 (2014) 第 162542 号

YI XIN YI YI LAI FENG CHA

一心一意来奉茶

程 然 著

特约编辑	张　芹
责任编辑	吴焕姣
封面设计	朱　红
责任校对	袁晓红
版式设计	古涧文化
责任印制	聂　敏
出版发行	四川人民出版社　（成都槐树街 2 号）
网　　址	http://www.scpph.com
E-mail	sichuanrmcbs@sina.com
新浪微博	@ 四川人民出版社官博
发行部业务电话	（028）86259457　86259453
防盗版举报电话	（028）86259457
照　　排	北京乐阅文化有限责任公司
印　　刷	北京朗翔印刷有限公司
成品尺寸	150mm×230mm
印　　张	17
字　　数	171 千字
版　　次	2014 年 9 月第 1 版
印　　次	2014 年 9 月第 1 次印刷
书　　号	ISBN 978-7-220-09250-3
定　　价	36.00 元